ザ・リアル・スイング 完成版

THE REAL SWING

COMPLETE EDITION

はじめに

ゴルファーでしたら誰もが「飛んで曲がらないスイングをしたい」と考えているのではないでしょうか。

目指すところは人それぞれ違います。「プロじゃないから、人に迷惑がかからない程度にうまくなりたい」という方でも、そこそこ前に飛んでくれて、それなりに寄ってくれて、そこそこ入ってくれるようになりたいという気持ちを同じようにもっているのだと思います。

上級者だからできて、初級者だからできないとかいうことは、基本的にありません。ゴルフスイングをすることに変わりはないのです。

「これが最新理論だ」と言ってみたところで、過去の偉人達がつくってきた表現や内容を土台にして、見方を変えたり表現の仕方を変えたり少し軌道修正したものにすぎません。それを「最新」と銘打っただけで、クラブが進化して変わってきたからスイングの考え方も変わったのか、といえば、そういうわけでもないと思います。

クラブを振ってボール打つこと。これがゴルスイングであることに変わりはないのです。

関節は誰もが同じ構造で、特殊なケースがあるかもしれませんが、同じ方向にしか曲がらず、動く方向は同じ。違いがあるとしたら、ちょっと可動域が人よりあるとかないとか、その程度のことです。

プロだからという観点で考えるならば、プロはスコアを一打でも少なく抑えなければいけませんから、応用的な技術を習得したり、より遠くに飛ばしたり、毎週試合があることに対応する体力やメンタル、食事をコントロールするなどが必要になります。そのためにはなにをしたらいいかと、それこそ細かくいろいろな物事を考えていくこと、それによって一打でも少なくプレーすることがプロの仕事です。

プロを見てみると、スイングに関しては天才と呼ばれる人が多かったり、多くの時間をゴルフに費やすことができ、反復練習をできたり、元々できちゃっていたり、感覚が鋭い人たちが多いので、そんなこと細かく考えてゴルフしていない感覚派が多いと思っています。もちろん、なかには細かい人もいます。ちゃんと裏付けを取りながらやっているプロの方も当然います。そういう人のほうが、私の経験則では成功してる人が多いと思いますが、この本はプロ向きには書いたつもりはございません。

アマチュアの皆さんにゴルフスイングを少しでも理解していただき、知識を得てもらいたいと思っています。コーチやYouTube、雑誌などで言ってる意味をちゃんと理解してもらうことや、これは言ってることが違うんじゃないかと判断するために辞書的にこの本が使われたらうれしいかぎりです。自分の取り組んでることの正解と間違いの判断ができ、振り回されず、遠回りすることが少なくなり、より早く理解が深まり、楽しくゴルフをしてもらえるのではと思います。

奥嶋誠昭

ザ・リアル・スイング 完成版

THE REAL SWING
COMPLETE EDITION

第1章
スイングの組み立てに関わる「セオリー」をひもとく

CONTENTS

第2章
スイング上達の妨げとなる「カン違い」を解説
075

第3章
スイングづくりにおける「なぜ?」に答える

第1章

スイングの
組み立てに関わる
「セオリー」を
ひもとく

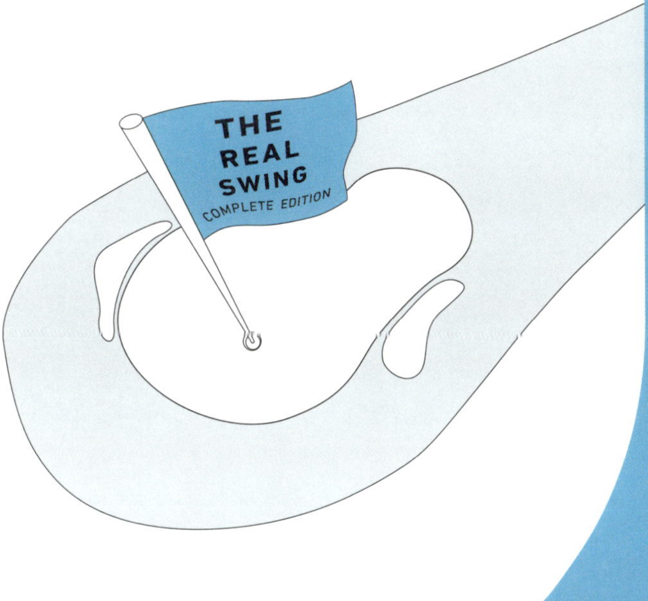

01 インパクトはアドレスの再現

ボールを打つ瞬間は
アドレスと同じ形だと思ってない?

Command!

アドレスはインパクトの形とは違います。ですから、ボールを打つ瞬間に、アドレスの形に戻ろうとする必要はありません。好きな形でインパクトしてください。

「インパクトはアドレスの再現」という教え方を聞くと思います。

パターやアプローチではその通りだと言えるかもしれません。でも、ショットに関しては違う形になります。それなのになぜ「再現」と言うのか。そう言うからにはきっと意味があるのです。それをひもといてみましょう。

アドレスをした際、「その形」を意識し、「クラブを上げて戻す」という意識をもてば、インパクトするまでの自分の動きやインパクトそのものの形をイメージできて、動きをつくりやすくなると思います。

クラブを振って小さなボールを打つスイングという動作をつくることにまだ慣れていない段階では、このように「戻す=ボールに当たる」というイメージは、かなり有効にはたらくと思います。

そういう意味では、このレッスン用語は否定はできないと思います。

しかし、あくまで、そのような段階の人限定で有効なレッスン用語だと考えるべきでしょう。しかも、それでうまくいかない人は、ビギナー段階であるとしても、違うイメージに切り替えて練習に励むほうがいいと思います。

ある程度打てるようになってきた段階では、「ウエイトシフトをして、左足に乗ってインパクトする」とか、「ハンドファーストで打つ」とか、いろいろなことを意識し出していると思います。それらの多くはカラダの形としても、クラブの状態についても、「アドレスのときと違う形になりますよ」ということを予告しているわけです。いつまでも「再現」にこだわる必要はありません。スイングの動きの中でインパクトなどの形をつくろうとしても、動きが不自然になるだけです。それよりも自然に動くことのほうが大事である、と考えてみてください。

アドレスでカラダがどういう形になっているかを意識し、そこに戻ってくると考えることで、ボールに当たりやすくなる。スイングに慣れていない段階では有効にはたらくイメージだ

インパクトではウエイトシフトしているのでカラダの位置がアドレスとは変わっている。ハンドファーストでインパクトするため、クラブの傾きも変わっている。インパクトはアドレスとは同じではないと考えたほうが実情に合っていることになる

02 猫背で構えてはいけない

アドレスで背中を真っすぐにすると、
機能的に動けると思っていませんか？

Command!

背中を真っすぐにしようと意識すると、反ったり力みが入ります。過度に沿ったり丸まったりすると、カラダが連動しなくなります。

ゴルフを始めたとき、「まずヒザを曲げて、次に股関節から曲げて骨盤を前傾させ、猫背にならないで背中は真っすぐにして構えましょう」と習ったかと思います。

プロを見ても「背筋がピンと伸びて、かっこいいアドレスしている。構えたときからいいショットを打てそうに見える」という雰囲気があるのではないでしょうか。

でも、そのイメージ通り、背筋をピンと伸ばして構えをつくり、写真に撮ってみてください。そして、かっこいいと思ったプロの写真と比べてみてください。

ちょっと違って見えると思います。

二次元で考えたら、背筋を真っすぐ伸ばし、背中が長方形の板のようになっている感じがいいのでしょう。でも、この世界は三次元なので、背中全体をよくよく見てみると、違うことがわかってきます。背中の上の部分はよく見ると、意外に丸まってませんか？　しかもいわゆる「馬の背」の感じにもなっていないでしょうか。

腰はプロの写真でも確かに真っすぐだし、ご自分の写真も真っすぐに見えるかもしれません。でも、背中を真っすぐ伸ばそうと意識すると、腰の部分では実は反った状態になっていることが多いのです。反って腰の真ん中が陥没した状態になっていませんか。けれど、服を着ているとへこんだ部分が見えなくなるので、「真っすぐ」だとカン違いしやすい。反っていると、カラダの回転や肩甲骨の動きを邪魔したり、起き上がりにつながったり、腰を痛める原因にもなります。

実際、プロはもっとナチュラルな状態で構えているタイプが多いです。肩についても腰についても、アドレスの状態から反ることも丸めることもできるニュートラルな状態と言えばいいでしょうか。前傾しすぎず、後傾もしていないという絶妙な位置にセットしているのです。

とくに、肩をニュートラルな状態にセットすることについて意識を向けていない人が多いので、注意していただければ、と思います。

「背筋を伸ばして構える」という意識だと腰が反り、胸を張ってしまう。腰についても肩についても、ナチュラルな状態から離れてしまうと、自然な動きが引き出されなくなる

背中には、左右方向にも上下方向にもある程度の丸みがある。この状態からなら肩は前にも後ろにも動かせるし、腰も前傾、後継どちらにも動かせる、つまりニュートラル。それが望ましいアドレスだ

骨盤を前傾させたうえで、肩と腰を丸めてみたあとに、反らしてみる。
その中間（ニュートラル）のどこかに自分に合ったポジションがある

03 フェースの向きはターゲットに真っすぐ

**フェースを目標に向けておくことが大事で、
自分は向けていると思っていませんか？**

Command!

真っすぐと思っているけれども、実際には左に向けている人が大半です。でもアドレスの向きは真っすぐでなくてもいい。肝心なことは、真っすぐ飛ばせる向きで構えることです。

「アドレスでフェースをターゲットに真っすぐ向けておく」という教え方があります。でも、「インパクトはアドレスの再現ではない」という現実は、フェースの向きにも当てはまります。アドレスでターゲットに向けたからといって、インパクトでその向きになるかどうかは決まらないからです。

実際にはどうなっているのかを説明しましょう。

フェース面の向きを示す器具を装着。それが指し示している向きは、正確にターゲット方向である（左）。が、器具を外してフェースを見ると、微妙に開いて見える（右）。開いて見えるが、これが「目標に真っすぐ」であることを理解したい

そもそも「真っすぐ」とはどういう状態かということについて、誤解されている人が多いと思います。

フェース面の向きを示す器具をつけて構えてみます。これでフェース面の向きをターゲットに向けたとき、フェースの見え方はどうでしょう。「開いている」と感じる人がほとんどだと思います。

スコアリングラインやリーディングエッジのラインを、ターゲットに対して真っすぐ（直角）にして構えているからです。でも、それだとフェースの面はターゲットの左に向いています。これを「真っすぐ」だと思い込んで構えているわけです。

それで、打球が真っすぐ飛んでいるとしたら、「インパクトはアドレスの再現ではないよね」ということです。

もちろん、真っすぐ向けて構えることができて、その上で、真っすぐ狙い通りに打てる人もいます。

プロのデータを見てみても、一時的に応急処置としてフェースを右に向ける人はいますが、通常のパターンとしてはフェースを目標より左に向けて構えている人がほとんどです。その構えから「真っすぐ」打っているわけです。なぜなら、アドレスよりインパクトでは手の位置が左に動いてシャフトの傾きが強まるため、その分ボールの位置ではフェースが開いて、ちょうどよく「本当の真っすぐ」に向いてくれているからだと考えられます。

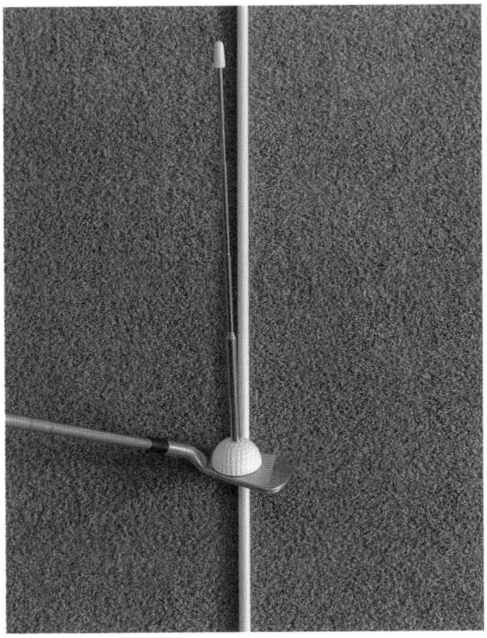

通常の感覚で、フェースを真っすぐ目標に向けようと考える際、リーディングエッジの向きを目標に合わせようとする（右）。このセットの仕方では、実際にはフェースの面は目標の左を向いていることが多い（左）

インパクトでフェースが真っすぐ向くことが肝心

閉じて構えて、真っすぐ打っている人が多いというのが事実です。つまり、フェースを左に向けて構えながら、インパクトではその向きをターゲットに向けることができているわけです。狙い通りに打てている限り、そしてそこに違和感をもっていない限り、問題はないとも言えます。はじめからフェースを右に向けてゴルフを覚えてきた人は、右に向けないと気持ち悪かったりします。左に向けて構えている人

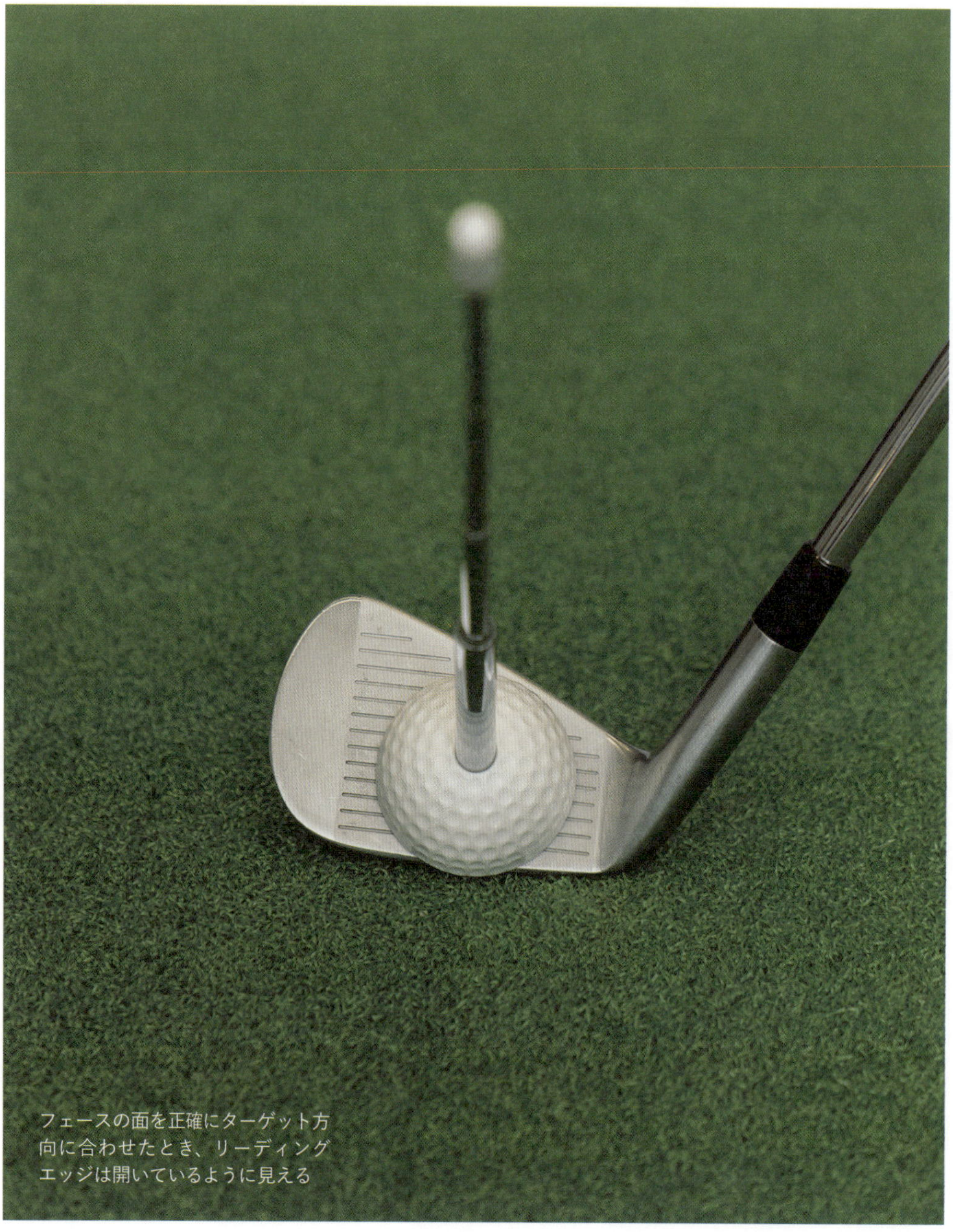

フェースの面を正確にターゲット方向に合わせたとき、リーディングエッジは開いているように見える

が真っすぐに向けようとしてもしっくりこないでしょう。
　アドレスでのフェースの向きとインパクトでのフェースの向きについては、いろいろなパターンがあると思います。どのくらい閉じておけば良いかも、人によって違います。それをグリップを握る向きで調整することもできますし、アドレスでのフェースの向きで調整することもできます。
　自分が思ったところにボールを打ち出すために「自分の場合はアドレスでフェースをどういう向きにして構えたらいいか」を考えていけるといいと思います。

フェース面を目標に正確に向けた状態で構えている人が多い

フェースの向きを開いて構えたとしても、インパクト時にはフェースが目標を向いている人は多い

04 出球はフェースの向き

どんなショットでもすべてフェースの向きが出球を決めると思っていませんか?

Command!

基本的にはフェースの向きで出球が決まります。しかし、すべてのショットでフェースの向きにボールが飛ぶわけではないことも理解してください。

昔は飛球法則として、「出球はスイング軌道の向き、打球の曲がり方はフェースの向きが決める」と言われていました。だからゴルファーは、アウトサイド・インの軌道でフェースの向きが目標を向いていたら、打球はターゲットの左に出て、スライスしてターゲットラインに戻ってくる、と思っていました。

でもこの言い方は、現在は新飛球法則にアップデートされています。「ボールの打ち出し方向は主にフェースの向き、ボールの曲がり方はクラブパス(インパクト前後でクラブが動いている方向)に対するフェースの向き(フェース・トゥ・パス)である」とされます。その割合はデータによって明らかになっており、アイアンの場合はフェースの向きが約70%、ドライバーの場合はフェースの向きが約80%ということです。残りのパーセンテージは、クラブパスなので、「出球はフェースの向きとクラブパスで決まるが、割合が大きいのはフェースの向きである」と考えればいいのだと思います。

この法則を言い換えると、「ロフトが小さなるほど、出球の方向はフェース向きに影響を受け、ロフトが大きくなるほどフェース向きに影響を受けなくなる」となります。ですから、ロフトが小さいパターの出球は、ほぼフェースの向きになります。

逆にウエッジのようなロフトの大きなクラブの場合、フェースの向きの影響は小さくなります。ウエッジはフェースを開いて使うことも多いクラブですが、皆さん「フェースを開くとフェースは右を向く。そしてその分、右へ飛ぶ」と考えがちですが、フェースを開くほどロフトが寝てどんどんフェースの向きの影響は小さくなるので、実際には開いた角度ほど右へは飛びません。

一方で、フェースの向きの影響が小さくなるのに対し、クラブパスの影響が大きくなるので、その点を考慮してプレーすると、アプローチの精度も高まっていくと思います。

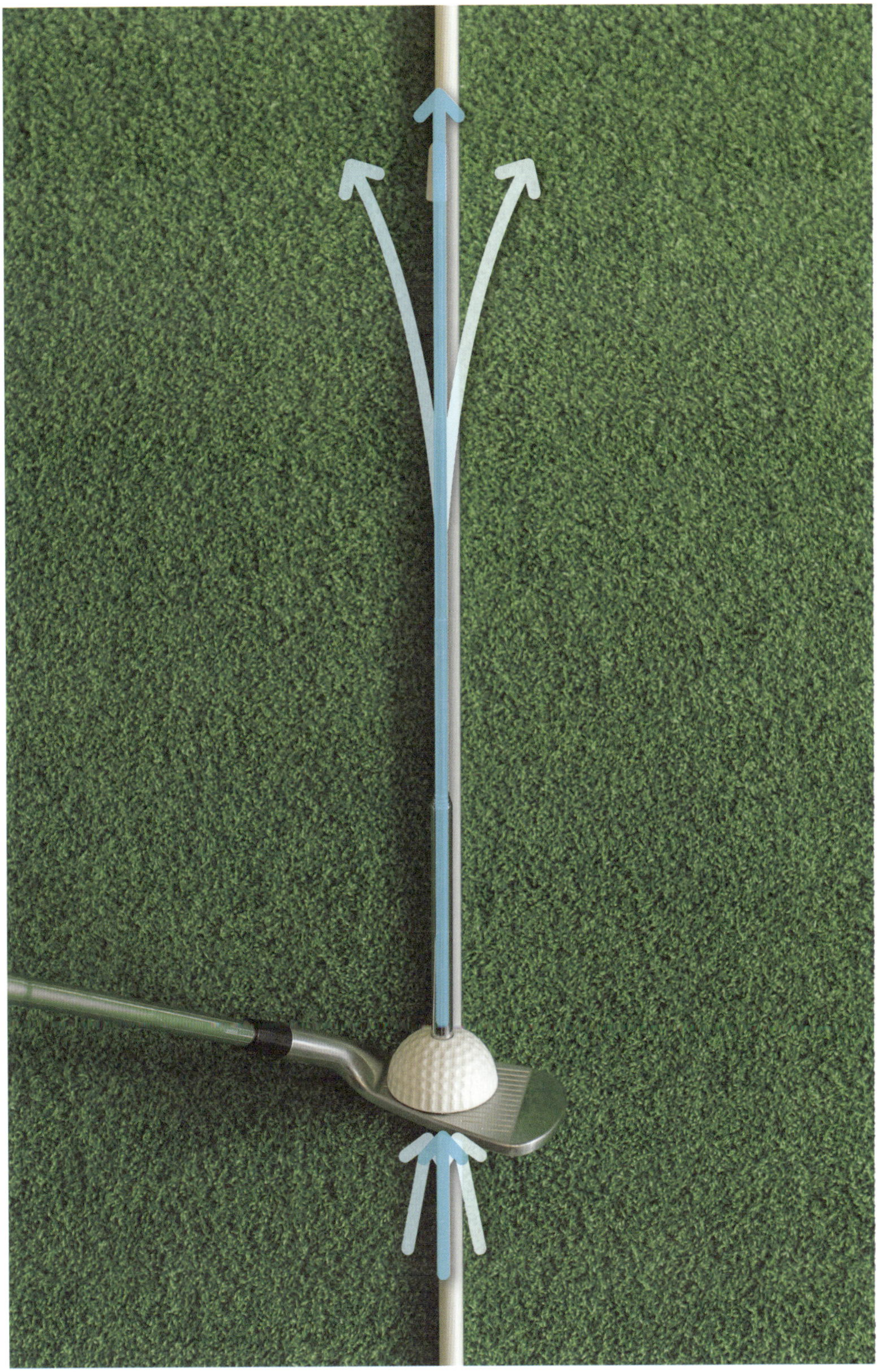

フェースが目標方向に向いていて、芯でインパクトした場合、理論的には出球は真っすぐになる。出る方向は真っすぐでも、クラブパスに応じて曲がり方が決まる

05 すべてをスクエアにして構える

スタンス、腰、肩などすべてをスクエアにして構えなければ、と考えていませんか？

Command!

自分が打ちたい打球のためのクラブ軌道やインパクトの形を考え、そこから逆算するようにアドレスがどうあるべきかを考えていけるといいと思います。

「スクエアに構えましょうね」と習ったと思います。

肩のライン、腰のライン、ヒザのライン、カカトのラインなど。そしてフェースの向き。さらには、目のラインもスクエアにしろという人もいるようです。

「インパクトはアドレスの再現」という考えの元なら、すべてをスクエアにするという発想もその延長上にあると思います。

もちろん、自分がどういう向きで立っているのかということの基準をもつことは、大切だと思います。

でも、それらをすべてスクエアにして構えている人はどのくらいいるでしょうか？　プロのデータを見ても、そういう人は少数派です。なぜなら、「インパクトはアドレスの再現」（10ページ）で説明したように、アドレスで真っすぐの向きにしたからといって、インパクトでその向きになるとは限らないからです。

インパクトでフェースがスクエア、またはスクエアでないとしても、それに近い向き（あらかじめ意図した向き）になることが大事です。ほかの部分がいくらアドレスのときと同じスクエアの向きになっていようが、ボールの飛び方に影響するわけではありません。

インパクトでフェースを意図した通りの向きにするためには、どのような向きで構えておくといいのか、と考えてください。それを考える際に、スクエアな向きが、基準として役に立つことがあると思います。

プロでもすべてをスクエアにしていないと書きましたが、肩のラインだけは、ターゲットラインにそろえている人が多いです。そうすることによって、クラブの動きの基準となるオンプレーンやインサイド・インの軌道が意識しやすくなったり、肩のラインについては構えたときの状態にインパクトで戻してきやすい、その基準となりやすいからです。

肩のライン、腰のライン、足（カカト）のラインを飛球線と平行に合わせて構えたとしても（左）、インパクトではそれぞれが違う向きになる（右）。実際には肩のラインも飛球線と平行ではなくなっている。それでも肩のラインをスクエアにしておくことが「基準づくり」という意味で有効にはたらく場合が多い

06 最初の 30 センチは真っすぐ動かす

始動ではヘッドを飛球線に沿って真っすぐ
引いていけばいいと思っていませんか？

Command!

ヘッドは厳密には「真っすぐ」動くことはありません。しかし、ヘッドが動く円弧が大きくなると、30 センチ程度の動きは「真っすぐととらえることもできる」ものです。

バックスイングのはじめの部分を「真っすぐ 30 センチ」という教え方があることには、昔から疑問を感じています。

クラブヘッドの軌道は弧を描きます。弧ですから、どこにも「真っすぐ」の部分はありません。もちろん、その円が十分に大きいからこそ、ある程度切り取った部分としては、「真っすぐに感じないこともない」という言い方は、かろうじてできるのかな、とは思います。

ただし、その「真っすぐと感じられる」長さは、円弧の大きさによって変わります。長いクラブならより円弧が大きいのでより長い間ですし、短いクラブなら円弧が小さいのでごく短い間だけ、となります。

必要以上の長さを「真っすぐ」動かすと、クラブと、手と腕も体幹から離れていってしまいます。そのようになってしまっている人は、案外多いのです。

同じような動きを誘発する言葉として「インパクトゾーン」があります。インパクト前後の数 10 センチの間、ヘッドが真っすぐ動く「ゾーン」があるかのようにイメージさせる言葉です。が、インパクトゾーンでもヘッドはやはり厳密に言えば、円弧を描いています。それほど長く真っすぐ動く時間はないと理解してください。

バックスイングの最初の 30 センチにしろ、インパクトゾーンにしろ、「真っすぐ」という感覚をもつこと自体が、よくない動きを起こす原因になると思います。クラブの軌道は、クラブが長くなると半径が長くなるとしても、弧であることに変わりはないのです。

30 センチかどうかはクラブの長さによるが、7 番アイアンでこの程度の間隔だ

ある程度の長さは「真っすぐのように感じられる」。が、それ以上にヘッドを真っすぐ動かそうとすると、腕がカラダから離れていく

手首を使ってヘッドをインに上げようとすると、「真っすぐ」と感じられる距離をつくれなくなる。ヘッドもプレーンに乗らない

07 腕の三角形をキープする

**アドレスしたときの腕の三角形を崩さずに
クラブを上げようとしてない?**

Command!

三角形をキープしつづけるとクラブは上がりません。カラダと手の距離を保ちながら、カラダの正面に手があることが大事。フルスイングでは皆さんが思っている三角の形は自然に崩れるのです。

アドレスを正面から見ると、両腕が三角形になっています。その三角形を崩さずにスイングするという意味の「三角形キープ」というゴルフ用語が、昔からあります。この言葉は最初に習うことが多いと思います。

三角形をキープしてバックスイングをすると、ほとんどの人がクラブが地面と平行くらいまでしかキープできないと思います。実際、三角形ってキープできるのでしょうか。少なくとも、私はできたことがありません。

では、この言葉の真意はどこにあるのでしょうか。三角形の部分からひもといておこうと思います。

三角形が崩れない範囲、だいたいハーフスイングになると思いますが、その範囲で振ってみてください。クラブの動きが安定して、「これならちゃんと当たる」と感じると思います。

なぜ、これなら当たるのか。それは、三角形をキープすることで、自分と手、言い換えると自分とグリップエンドまでの距離が変わらなくなるためです。三角形の底辺が自分の位置で、頂点がグリップエンド。その距離を変えずに振るわけです。三角形のその距離を変えずにカラダを回せば、頂点はきれいな円を描いて動きます。つまり、手の動く軌道が一定になるのです。そうすると、その三角形の先にあるクラブヘッドの軌道も安定しやすくなり、インパクトが安定するという仕組みです。

三角形が崩れる原因はなにか。腕を動かしたりヒジを曲げることです。これらの動きを大きくしていくと三角形の底辺から頂点までの距離が変わり、グリップエンドの動きは安定しなくなります。当然、クラブヘッドの軌道もコントロールしづらくなり、インパクトを一定にするのが難しくなる。それをするな、と言っているのが「三角形キープ」の意味のひとつ目なのです。

アドレスでは、両肩を
結んだラインを底辺、
腕を二等辺の辺とする
三角形ができている

三角形をキープしてカラダを回転させる。三角形の底
辺から頂点までの距離は変わらず、頂点＝手の軌道が
安定し、クラブヘッドの軌道も安定させやすくなる

ヒジを曲げると、底辺から
頂点の距離が変わり、クラ
ブヘッドの動き方も変わっ
てしまいやすくなる

アドレスの三角形をそのままキープしなくていい

「三角形をキープする」は、ハーフスイング限定で，意味のある言葉なのでしょうか。三角形をキープするとインパクトは安定するとしても、ハーフスイング程度しかできません。ちゃんと当たるとしても、それでは満足できませんよね。

がんばって三角形をキープしたままスイングを大きくしようとすると、カラダが起き上がったり、左に傾きすぎたり、ワキを開けて手を上げて、クラブの動きを大きくしようとします。そうすると、カラダと手の距離が変わってしまいます。

ハーフスイングからフルスイングにしていく際、一番自然なのは、ヒジを曲げることです。もちろん、ヒジから曲げれば、カラダと手の距離は変わります。変わるとしても、またインパクトゾーンに戻ってくるときに同じ距離に戻っていればいいわけです。となると、戻ってきやすいようにヒジを曲げればいい、ということです。

その基準となるのが、三角形なのです。

三角形キープとは、アドレスのときの形をそのまま保て、と言っているわけではないのです。「“三角形と言える状態”を変えない」と考えを変えてください。

「手の位置が、胸の正面にある状態」、そして「三角形の底辺と頂点の距離が変わらない状態」というイメージがだいたい正しいのだと思います。

腕を動かしたりヒジを自分で曲げたりすると、手の位置は胸の正面から外れます。そうすると、三角形とは言えない形になっているはずです。その形から、インパクトまでに、安定的に「三角形」に戻すのはなかなか難しい作業となってしまいます。

「三角形をキープする」でポイントとなるのは、カラダと手の距離を保つこと。保つことで手の位置を元に戻しやすくしてあげていると理解してください。

三角形を「厳密に」キープすると、ハーフスイング程度までしかクラブを上げることができない

三角形をキープしたままスイングを大きくしようとすると、ヒジを抜いたり、腕をカラダから切り離して上げていったり、上半身を起き上がらせたりしてしまう

ヒジが曲がり始める前は、
三角形の頂点（両手）は、
底辺（胸）の正面にある。
この状態から外れないよう
にすれば「三角形キープ」
の意図をくんだ動きになる

ヒジの曲げ方が大きくなると、三角形の頂点が底辺の正面の範囲から外れてしまう。こうなるとイメージ通りのインパクトは難しくなる

ヒジの曲がり方がある程度までなら、三角形の頂点はまだ底辺の正面の範囲から外れない。ヒジの動きはそれが限度と考える

08 前傾を保って回転するには側屈する

（前傾を保って回転するには、意識的に側屈しないといけないと思ってない？）

Command!

前傾し、その軸に対して回転すると、自然に側屈が入ります。意図的に側屈を入れて肩を下げる必要はないことを理解してください。

前傾に対して回転をするというのがゴルフスイングの“ナチュラル”です。

かつては「肩は水平に回転」と言われていました。この言葉については、直立した状態での感覚を言ったものと理解されていると思います。左右の高さを変えないで「レベルに回転しましょう」という意味です。そして、その動きを前傾して行なえばスイングになりますよ、という意味と理解されていると思います。

それは正しい理解です。

でも、側屈という言葉が広まって以来、「前傾した軸で回転し、前傾角度をキープするためには、側屈をしなくてはいけない」という解釈が生まれ、バックスイングで左肩を下げるように、左に側屈し、ダウンスイングで右肩を下げるように、右に側屈する、という過剰な動作をする人が目立ってきました。

そうではありません。前傾に対して回転すると、通常ならば自然に側屈が入っていますよ、ということなのです。真っすぐ立った状態で肩を回したときと、同じ肩の動きをすればいいだけです。

まずは真っすぐ立った状態で「軸中心に肩を回す動き」を確かめて、それを前傾して同じように肩を回すとき、肩がどこを指すのか、それを確かめておくことをお勧めします。両肩にクラブを担いで回転するとわかりやすいでしょう。担いだクラブが回転軸と直角になっていれば、「前傾に対して回転している」と言えます。

「バックスイングでは左肩が地面を指し、フォローでは右肩が地面を指す」という教え方もあります。正しいのですが「地面を指す」では範囲が広すぎると思います。一度、自分にとってはどのあたりを肩が指しているのか、番手ごとにどうなのか、アバウトではなく確認しておくことは有意義だと思います。前傾角度はすべてのクラブで同じになるわけではありません。番手によって角度が変わる点は知っておいていただきたいことのひとつです。

肩を水平に回すというのは、直立した状態での
感覚。軸に対して肩のラインを 90 度にしている。
これが、軸に対して回転しているという意味

前傾し、前傾している傾きに対し肩のラインを 90 度にキープ
して回転している。その際、自然に側屈の動きが加わっている

カラダはヨコ回転し、クラブはタテに動いていく

カラダが軸に対して回転するときの、傾きの感覚を確かめていただきました。

では、クラブは、この傾きに合わせて動かしていけばいいのかというと、そうではないのがスイングの複雑なところです。カラダが動く方向とクラブが動いていく方向は違うのです。

クラブにはライ角というものが番手ごとにありますから、クラブはその傾きに沿って動かすことが構造に即した動かし方になります。

カラダは上半身の傾きの角度に合わせて回転する。クラブがこの傾きに合わせて上がっていくとするならば、ヘッドの動きはは写真のように、肩の傾きに対して左右対称になる

手で何もしないのであれば、クラブはカラダが回転する傾きで上がっていくはずです（左ページ写真）。しかし実際にはそれよりも上へ向かう角度で上がっていくのですから、何かクラブに対して操作を加えていることになります。詳しくは、「手首の動きはコックなのかヒンジなのか」（36ページ）で説明しますので、ここでは、クラブが上がっていく角度とカラダが回転している傾きには違いがあると理解しておいていただければと思います。

クラブを構えたときのシャフトの傾きが、スタート時点と、インパクト前後（ビジネスゾーン）での、クラブ動かしていくプレーンの基準となる

クラブの動かし方はライ角を基準にする

　クラブの動きについての基準は、クラブのライ角だと説明しました。ライ角は番手によって違いますから、クラブを動かす方向の傾きも違うことになります。

　それぞれのクラブを動かす傾きの違いを体感し、確認しておくことも大切です。ただし、これはあくまでもクラブを動かす方向についての説明であり、使い方とは違います。

構えたときのシャフトの傾きに沿ってクラブを動かす。インパクトではクラブをこの傾きに戻して打つのが、クラブの機能を最大限活用するスイングになる

シャフトが平行になるくらいで、ヒジや手首が使われるため、クラブははじめのプレーンから外れる。その後のヘッドの動きも最初のプレーンと平行が基準となる

ドライバーなど長い番手では、ライ角が比較的フラットになるため、クラブを動かす傾きも比較的フラットになる

ウエッジのような短い番手では、ライ角が比較的アップライトになる。そのため、クラブを動かす傾きもアップライトになる

09 スイングプレーンという平面上を動かす

スイングプレーンは一枚の面だから、クラブは一直線に動くと思っていませんか？

Command!

クラブはＶ字型の空間を動きます。プレーン（面）と言うものの、決して一枚の平面ではなく、その空間の範囲の中で上がって下りてきていれば、オンプレーンと認められます。

スイングプレーンという言葉は、あまりにもゴルフの常識になっているように思えますが、逆に混乱の元になっているのではないでしょうか。

プレーンとは「面」です。一枚の平らな面だと説明されることもよくあります。ベン・ホーガンが説明したのは、肩に乗せたガラス板のイメージです。一般的なイメージとしては、この面に沿ってヘッドが上がっていく、下りてくるというものだと思います。

現在のスイング分析やレッスンでは、シャフトの傾きに合わせたシャフトプレーンや、右ヒジとボールを結んだエルボープレーンといった説明の仕方も出てきています。

クラブの構造を考えると、ライ角に合わせて振るのがその正しい使い方になるという「結論」が出ているわけですから、インパクトゾーンではクラブはシャフトプレーンに乗っているのが理想という答えが出ます。

ただし、その軌道のままでは、クラブは一般的に理想とされるトップの高さまでは上がっていけません。

そこで、ヒジや手首の関節を使ってクラブをより高い位置へと誘導していくわけです。その上限が、ベン・ホーガンのいったスイングプレーンです。

つまり、ホーガンのプレーンとシャフトプレーン（下限）という２つの面の間でクラブを動かせばいいというのが、スイングプレーンについての適正な解釈なのです。その範囲の中で動いていれば「オンプレーンのスイング」と言っていいと判断しています。ですから、ヒジや手首の使い方も、いろいろあっていいということになっているわけです。

このプレーンを決めているのは、クラブのライ角ですから、番手ごとにプレーンの傾きも違うことになることも注意してください。

シャフトのラインとボールと肩を結ぶラインの間の空間をヘッドが通っていれば、オンプレーンと認められる。バックスイングとダウンスイングで軌道が違うことも普通に見られる現象で、間違ってはいない

10 手首の動きはコックなのかヒンジなのか

手首を親指方向へ折るコックの動きだけでクラブを上げようとしていませんか？

Command!

クラブはカラダの周りを斜めに上がっていきます。そのための手の動きを考えるとタテよりもヨコのほうが適しています。実際、ヨコに動かすことでプレーンに乗りやすくなります。

手首の動きについては、よく質問を受けます。「コックですか、ヒンジですか」という疑問ですが、どちらなのでしょうか。

昔は手首はタテにコックすると習いました。私もコックでスイングを習ってきた人間です。ヒンジという言葉が聞かれるようになったのは最近だと思います。

そもそも手首の動きってタテにどれくらい曲がると思いますか？　やってみるとわかりますが、タテにはわずかにしか動きません。

ではヨコはどうでしょう。90 度まではいかないにしろ、それに近いくらいは誰でも曲げられると思います。

手首を親指を真上（時計の 12 時）にした状態でタテに動かそうとしても、少ししか動きません。ところが、たとえば左手の親指を時計の 1 時の向きにしておくと（つまり、ストロンググリップの状態です）、タテの動きが少し大きくなると思います。これ、実は手首にはタテの動きだけではなく、背屈（手の甲側に折る動き）も加わってきているのです。それで、比較的大きな動きになります。

つまりは、タテに上げているだけのつもりでも、結局手首はヨコにも曲がっているというのが正しい解釈です。「コックかヒンジか」ではなくて、どちらも使っているということです。

手首は、上にはほとんど動けないはずの構造なのに、ゴルフスイングをするときだけは上にも曲がることができる、などという現象は起きません。それなのに、「手首をタテに折って、クラブを上げている」という感覚になっているとしても、それは手首だけの動きではなく、ヒジが代償してくれていることに気がついていないためのカン違いだというのが実情ではないでしょうか。

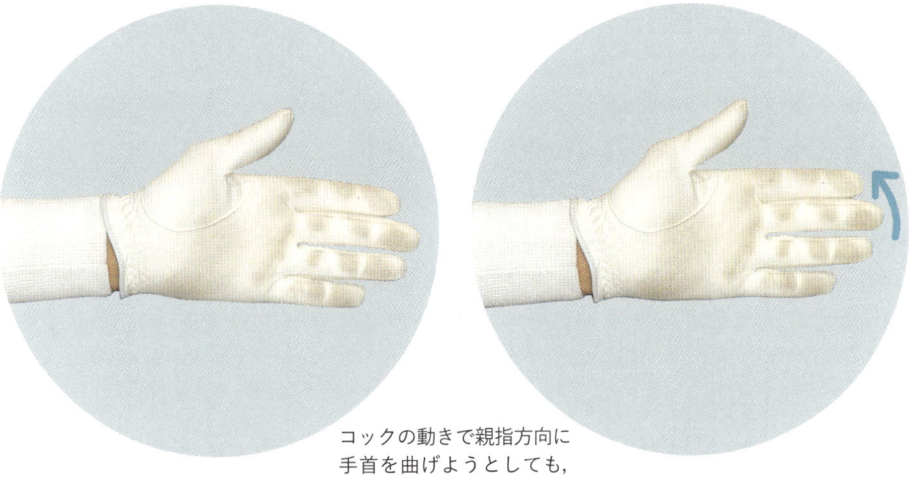

コックの動きで親指方向に
手首を曲げようとしても,
ほんの少ししか動かない

ヒンジの動きはコックに比べて手首だけでも大きく「その先」を動かせる

親指方向に動かしたつもりでも、実際には手の甲側に折れる動きも加わっている。つまり、クラブを動かすためには、コックの動きもヒンジの動きも使わざるを得ない

スイングの際、親指方向に曲げてヘッドを上げようとしても少ししか上がらない。大きく動かせているとしても、実際にはヒジが曲がる動きが加わって補っている

ヒンジの動きによってクラブは上がっていく

ゴルフクラブはカラダの周りを回って上がっていきます。カラダが前傾して回転しているため、クラブはそれにしたがって、斜めに上がっていきます。

手では何もしないで、カラダの回転だけでクラブを動かすと、下の写真のように前傾している軸を中心に、低い位置で上がっていくだけです。

「だから、コックの動きでタテにクラブを動かさなければ、ヘッドは上がっていかない」と考えがちなのですが、ヒンジの動きでもクラブは上がっていきます。手首のヨコの動きですが、上半身全体が前傾しているため、その動きがクラブを斜め上へと動かしてくれるわけです。

右ページの写真を見ると、ヒンジの動きだけで、シャフトの傾きに沿ってヘッドを上げていくことはできるイメージがわきませんか？　シャフトの傾きは、クラブを動かす基準となるラインですから、実はこれこそが正しくクラブを動かす操作法になるわけです。

カラダの回転だけでクラブを動かすと、ヘッドは低いインサイドに上がる。この位置から適切なプレーンに乗せるための操作として、「手首をタテに使う」ことも考えられる。だが、この操作を回転と同時に行なう場合、調整が難しい

アドレスでの位置からトップの位置までヘッドを動かすことを考えるとき、「手首をヨコに使う」操作で、グリップエンドを支点にしてクラブをひっくり返すイメージでヘッドを高い位置に上げていくことができる

手首の動かし方は握り方によって変わる

　ここまでは、単純化するため、スクエアグリップで握っている場合のヒンジの動きとして説明してきました。

　しかし、クラブに今とまったく同じ動きをさせるにも、握る向きが違えば手首が動く向きも変わることになります。そのため、先に説明しましたが、「コックもヒンジも」使うことになるわけです。

「どのように動かせば良いか、正解はあるのか」というと、人によって違うとし

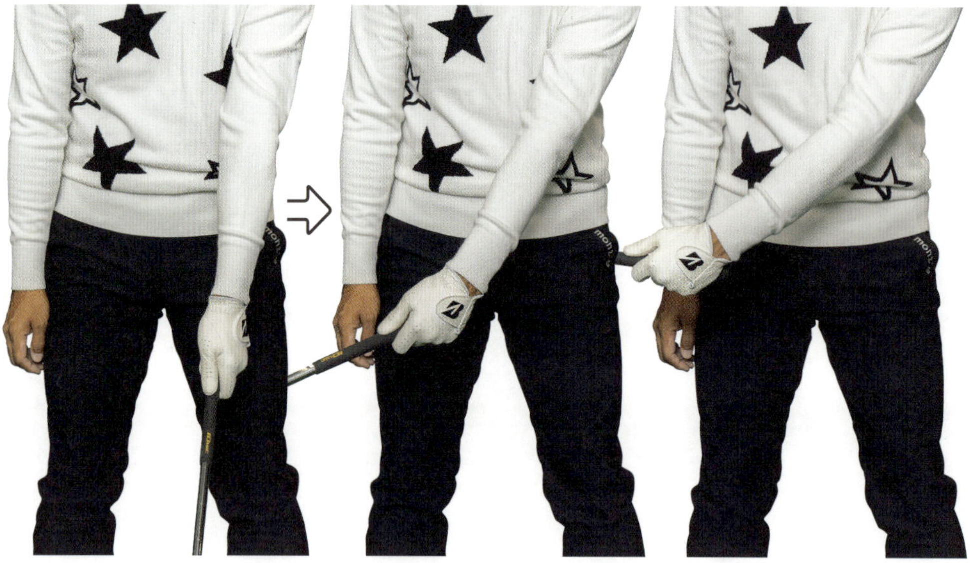

スクエアグリップの向きで握ると、シンプルにヒンジの動きが主体でクラブを動かせる

か言いようがありません。グリップを握るときの手首の向きによって変わるわけなので、人によってそれこそ千差万別になってしまうのです。

例として、ストロンググリップの場合を写真で説明してみました。スクエアグリップの場合はそのままヒンジの動きをすることで、ヘッドをプレーンに乗せ、フェースの向きをコントロールできます。しかし、ストロンググリップの場合は、甲側に折れていた左手首を真っすぐにしてからという１ステップが加わります。

ストロンググリップの向きで握ると、まず手の甲が腕と一直線になるように背屈をほどき、そこからコックとヒンジの動きを入れてヘッドをプレーンに乗せて動かすように見える動きになる

カラダが回っていくとき、腕も回っている

カラダを回転させながら手首ではヒンジの動きでヘッドを動かしていこうとする際に、もうひとつ、動きが加わってきます。

なにもしなければ、腕は右に回っていきます。クラブはフェースが開く方向（右回転）に動こうとするため、その動きに対してなにもしないと腕は右に回されてしまうのです。

「シャットにする」という言葉がありますが、フェースが開いてしまう動きを食い止める、という意味です。イメージ通りのインパクトをつくるためにそうすることが必要と考えているわけです。そのための操作が、腕を逆に回すこと。左回りです。つまり、右前腕は内側へ、左前腕は外側へ。

カラダを使ってフェースをシャットにすることもできますが、そうすると前傾軸に対して回れなくなります。

ヒンジの動きだけでもクラブは上がっていくが、前腕の回転がないと理想的なポジションより低い位置にとどまる。しかも、ヘッドが動いてきた方向と重心位置がズレることもあり、ヘッドがさらに低い位置に落ちやすい状態になる

この腕の動きがないと、クラブはアドレスのときのシャフトのラインと平行でありつづけます。つまり、理想とするポジションより少し低く、レイドオフになります。バックスイングの中で、前腕の回転の動きが加わることによって、単にヒンジの動きでヘッドを動かすより、少し上に向かってヘッドは上がっていくことになります。

ヒンジの動きに、前腕の回転が加わることによって、クラブは理想的な傾斜で上がっていきます。クラブが上がってきているラインとヘッドの位置が一致するためヘッドの動きに安定感が出てくる点も感じられるでしょう。

さらにつけ加えると、カラダの回転とは反対方向に前腕が回転することで、両腕の三角形の形が崩れることを防いでくれる効果も得られます。力を余計に入れる必要がなく、手とカラダの距離を保ち、手と胸の位置関係も維持することができると思います。

前腕が回転することで、ヘッドはシャフトのラインから少し上へ向かって上がっていく。これによってくさび形のスイングプレーンの範囲の下限から上限へと移っていく

ヒンジで上げるとヒジの動きが適切になる

　ヒジは一方向にしか曲がらない関節です。曲げ方はひとつしかありません。曲げ方については悩みようがなく、誰もが同じように曲がるものです。

　問題は、曲がるときのヒジの向きにあります。向きはどのようにでも向けられるためです。では、どの向きにして曲げばいいのでしょうか。

「バックスイングで右ヒジを地面に向ける」というゴルフ用語がありますが、これがその答えになるでしょう。地面といっても真下からなんとなく下向きまであるわけで、「下」であるなら、それでＯＫです。

　アドレスでヒジを下に向けておくと、バックスイングでヒンジの動きを使ってクラブを上げていこうとすることで、ヒジは下を指したまま、少し曲がり、クラブを上げていきます。

　ヒジを曲げる度合いに関して言えば、「三角形をキープ」が基準です。自分と手の距離が変わらず、両手が胸の正面から外れていないこと。これができていれば、ヘッドはプレーン上を動いています。手首から腕、ヒジまでの動きも適切につくれていることになります。

ヒジの動きは一方向だけ。これをどのような方向で使うかがカギ。間違うとクラブはプレーンから外れてしまう

手首のヒンジの動きによってクラブの動きをつくり、プレーンに乗せて動かし続ける。ヒジはその結果として自然に、そして適切な方向に使われる

11｜トップでは出前持ちの形になる

手首のコックでクラブを上げてから右手のひらを上に向ければいいと思っていませんか？

Command!

トップでの出前持ちの形は、正しい形のひとつではありますが、手首の方向が大切です。指先が自分を向いていなければ正しい形とは言えません。

ヒンジの動きでフェースをボールに向けながらクラブを上げていくと、自然に肩90度、ヒジ90度、手首90度で手のひらが空を向く形＝「出前持ちの形」になる

「トップでは出前持ちの形」とは、多くの昭和のゴルファーは聞いたことのあるワードだと思います。「出前持ちの形」というのは、右手のひらを空に向けて、手のひらに乗せたお盆を支える形です。トップで右ヒジが地面を向いている結果、右ワキが締まった状態になっています。

トップの理想の形は、体幹と上腕が 90 度、ヒジが 90 度、手首が 90 度曲がっている形と言われていますが、「出前持ちの形」はまさにその状態なのです。

なんのためにこの言葉が出てきたのでしょうか。

多くのアマチュアプレーヤーはバックスイングした際、左手首が甲側に折れてしまいます。コックの意識でタテに上げようとすると手の甲側に折れることはすでに説明しました。スクエアグリップの人は、右手首が平側に折れるとフェース面はオープンの状態です。

しかし、出前持ち＝左手首が手のひら側に折れていれば、フェースは閉じた状態になります。だから、ボールはつかまりやすくなる、という理屈です。

ただ、「出前持ち」の言葉通りだと、右手のひらが上を向くのはいいとしても、指先が背後を指す形をイメージしがちです。しかし、ゴルフスイングの場合、指先は自分を指す向きになるのが理想です。その点を間違えないようにしてください。

ワキが 90 度、ヒジが 90 度、手首が 90 度曲がるのがトップの理想

12 バックスイングでは右ヒザを曲げてキープ

バックスイングで右ヒザが伸びていかないように我慢していませんか?

Command!

バックスイングで右ヒザを曲げたままや前に向けたままキープしようとすると、回転が阻害されます。回転しながら少し伸びていくのがナチュラルです。

バックスイングで「右ヒザを曲げたままキープ」という教えがあります。

曲げた状態を保つことで、ヒザの動きが小さく抑えられ、「下半身(=上半身が回転するための土台)が安定する」、だからスイングも安定して結果がよくなるという考えだと思います。しかし、ヒザを固定することで回転量は小さくなります。ヒザを曲げたまま大きなトップをつくろうとすると、またどこかでそれを補う違う動きを加えるしかありません。

逆に、「右ヒザ(右脚)は伸ばしていく」という教え方もありました。腰を回せば肩ももっと回せて大きなトップがつくれるとか、どこかを止めたりせずカラダにとって自然だからケガも防げると言われています。しかし現実的には、右脚は楽になるとしても左脚に負担がかかります。それだけでなく、右股関節に乗せられなくなったり、体重が逆に左に乗ったりします。

捻転するのは上半身で、下半身は上半身についていくように動かされていきます。上半身がひねられれば、腰も回り、ヒザも伸ばされていくのがナチュラルです。感覚的には、意識して「伸ばしていく」というよりも、結果として「伸ばされる」のほうがいいと思います

下半身と上半身の連動の妨げとなるだけでなく、右ヒザを曲げておくことは、ウエイトシフトにも影響を与えます。右腰は回っていくにつれて位置が高くなっていきます。前傾して回しているためです。しかし、右ヒザを曲げたままにすると、右腰は高くなっていきません。右腰を高くするには、右脚はその分伸びて長くなっていく、つまりヒザが伸びていかなければならないはずなのです。「ダウンスイングで右腰をバンプする」(60ページ)で説明しますが、トップで右腰が高くなっていることは、ウエイトシフトを適切に行なうための大切な前提となります。

○

右ヒザの位置、高さと向きをそのままキープすることで右へシフトしてくるウエイトを受け止められる。そのうえで、肩の回転を深くしていける柔軟性のある人ならば、「バックスイングで右ヒザキープ」は有効なワードになる

×

右ヒザをキープすることで、上半身の回転が小さく抑えられてしまうと、トップを十分な大きさまで上げていこうとして、後でつじつまを合わせきれなくなるような動きを加えてしまいがち

×

ヒザを積極的に伸ばしていき、腰の回転量を稼ごうとすると、右股関節に体重を乗せられず、力がたまらなくなる

13 バックスイングでは右足に体重を乗せる

**バックスイングで右足の真上に
カラダを乗せようとしてない？**

Command!

バックスイングで軸をキープして回転すれば自ずとウエイトは右にシフトします。右脚が斜めの状態を保ち、右脚の内側でそのウエイトを受け止め、右股関節に体重を乗せることが大切です。

「バックスイングで右足に体重を乗せていこう」という教えがあります。トップでは右足の上に体重が乗った状態にしよう、と言われたりもします。

しかし、右足の上に体重を乗せるという言葉を、右足の真上まで重心を動かすと考えると、やり過ぎになってしまいます。

上半身が右足の上よりもっと右、カラダの外側まで動いてしまうと体重移動しすぎで、ダウンスイングでボールのところまで戻ってくるのが難しくなります。

右脚は地面から斜めの状態であること。そのほうが回転によって股関節に体重を乗せやすくなりますし、ダウンスイングにスムーズに入っていけます。

アドレスで、足幅はある程度広げています。つまり、両脚はハの字になっているはずです。このハの字の間で動きをつくっていくことが大切です。

昔から、「右脚内側で右に動いてきた重さを受け止める」という教え方もありました。これを言葉どおりに行なえば、右脚は斜めの角度を残した、ハの字の状態を保つことになります。

ハの字とはすなわち、両脚を使って立っているということであり、両脚の力を使え、力をためやすく、出しやすくなります。

右足の真上に右腰を乗せて「右足に体重を乗せる」と、股関節は単にヨコにスライドするだけとなり、下半身の動きと上半身の動きを効率よく連動させられなくなる

アドレスで構えるときに、脚はハの字になっている。地面から受け取る反力をうまく上半身の回転につなげていくためには、そのハの字の状態をキープし、股関節を適切なポジションに置くことがカギとなる

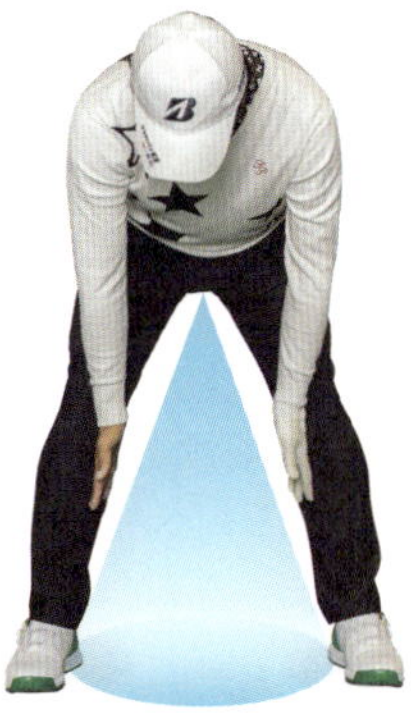

両脚にはさまれたスタンス内側の円錐のような形軸をイメージ。その軸の中でウエイトが左右に動く。バックスイングでは右脚内側でウエイトを受け止める意識をもつといい

右脚が斜めの状態を保ち、右脚内側でウエイトを受け止めて回転すると、股関節の位置も回転する。その位置で上下の動きの効率よい連動を引き出してくれる

14｜胸を右に向けたままダウンスイング

胸を右に向けたまま、クラブを下ろすのが正しい動き方だと思っていませんか？

Command!

バックスイングで右に回したものがダウンスイングで戻っていく際、動き始めには「右を向いている時間がある」という意味だと理解してください。

「胸を右に向けたままクラブを下ろす」。これもよく聞くフレーズです。

バックスイングすると、胸は右（ターゲットと反対側）を向いています。切り返しでは、胸を右に向けたまま、クラブだけを下ろす。いきなり胸を回しにいかない、という教え方です。私もそのように習いましたし、かなり長い期間、それを守ってやってきました。

多くの人は、レッスンや解説動画を見て「ダウンスイングで上半身が左に突っ込んでいる」と指摘され、それを止めるために「胸を右に向けたまま……」とアドバイスを受けるわけです。

胸を右に向けておくのは、クラブをインサイドから入れるため、カラダの開きを抑えるためと考えられます。胸を早く回してしまうと。手の位置が外になり、ヘッドは外からカット軌道でボールに向かいます。往々にして、上体全部が左に突っ込んだ形になるわけです。

でも、胸を右に向けておいて腕だけ下ろすのなら、手はインサイドのままですし、ヘッドも外に出たりしません。上半身全体も右サイドに残り、そのままインサイド・アウトに振り抜いていくイメージがもてます。

たしかにヘッドはインサイドから入ってきます。しかし、上半身が右に傾いて倒れた状態になり、ヘッドは低すぎる位置からボールに向かうことになります。体重も右に残りやすくなり、ダフりやすくなり、逆にヘッドが届かなくなることもあります。

ゴルフスイングにおいては、胸の向きに限らず、どの部分の動きにも、止まるという要素が入ることはありえません。止めてしまうとすると、その部分は動きのスピードアップにはなんの貢献もしなくなってしまうのです。

右を向いている時間があると解釈すべし

回転を止めるべきではないのに、なぜ、この言葉があるのか。

その理由はカラダだけ回っていって、手が下りてこないと、手はアウトサイドから下りることになってしまいますよ、ということではないでしょうか。そんなにあわててカラダだけを回すのではなく、手が下りてくるのとタイミングを合わせましょう、ということです。

実際、トップでは胸は必ず右を向いています。そこからダウンスイングでカラダを回していけば、いつかはカラダは正面を向き、そして左を向きますが、その前に「まだ右を向いている」という時間があるわけです。ダウンスイングを始めても「しばらくは右を向いている時間がある」と解釈すればいいと思います。

「胸を右に向けたままクラブを下ろす」という言葉は、ダウンスイングで回転を始めたら、はじめに少しだけ「右を向いている時間がある」と理解しておく

バックスイングでしっかり胸を回すことが前提

もっとも、バックスイングでどんな形であっても回転が不足していると、胸の向きも十分に右を向いていないわけです。そうなると、「胸が右を向いている時間」も短くなってしまい、クラブは外から下りてきてしまいます。

それを避けるために、バックスイングでは十分に回転しておくことが大切だということは言えます。

しかし、しっかり胸を回す、あるいは胸郭を回すという動きは、難しい動きであることを理解してください。実際には、確実にできている人はあまりいないと思います。

バックスイングでカラダが十分に回っていると、「胸が右を向いている時間」が長くとれるし、クラブをインから入れる感覚ももてるので、しっかりカラダを回していきやすい

バックスイングでカラダの回転が足りないと、ダウンスイングで「胸が右を向いている時間」が短くなり、胸を右に向けたまま止めておかないとインサイドから入れられなくなる

胸の向きは止める意識をもたず、しっかりと回転させる。その中で、顔だけでも右を向けたままにしておくと、「自分は右を向いている」感覚がもて、安心してインサイドからクラブを入れられる

15 ダウンスイングではタメをつくる

タメをつくることが大切と考えて、一生懸命ヘッドを遅らせようとしていませんか？

Command!

タメが早くほどけるのはエネルギーロスになりますが、タメをつくろうとすることもNG。「タメの角度」は、本来ほどけていくはずなのです。

よく「ダウンスイングでタメましょう」と言われると思います。

タメとはクラブが遅れて下りてくる状態であり、手首がそれをつくっています。

バックスイングから切り返しの流れの中で、手首の角度は深まります。それが、コックであれ、ヒンジであれ、手首の角度はいったん深まり、そこからほどけていきます。

バックスイングで角度が深まったものが、ダウンスイングでほどけること自体は、ナチュラルです。

ただ、多くのアマチュアゴルファーは、かなり早いタイミングでほどけてしまう、もしくはほどいてしまうため、「タメましょう」と指摘され、意識的に「ヘッドが遅れた状態」をつくろうとします。

「手首の動きはコックなのかヒンジなのか」（36ページ）の項で説明したように、タメをつくろうとして、手首があまり曲がらないタテ方向により深く曲げようとすることで、グリップが手のひらから外れたり、ヒジが曲がったりしてしまいます。グリップが外れればクラブの動きが不安定になるうえ、握り直しが必要になりますし、ヒジが曲がれば三角形の「自分と手の距離」が変わってしまいます。

また、急激なコック、ヒンジや、ヒジを早く曲げるなどをすると、ほどけ方が急激になり、一気にクラブがリリースされていくので、インパクトが「点」になってしまうというデメリットも生じます。

昔は「V字でスイングしましょう」と言われていました。そのとおりにクラブを振ると、タメは手首をタテ方向に折る動きになります。タテにタメた場合、ダウンスイングでほどけるのもタテになります。V字でスイングしようとするのならば、この動きは正解と言えたのだと思います。

ダウンスイングの始まりでほんの少しの時間、手首の角度を保つと意識すれば十分

「タメをつくろう、腕とクラブの角度を深くしよう」として、グリップの小指側が外れたり、ヒジが曲がり、手とカラダの距離が変わってミスを招いている人が見かけられる

過剰にタメをつくると軌道が円くならない

まず、タメについてはヒジではなく、手首でつくるものだと理解してください。

そして、タメは深くしようとするのではなく、トップでの角度をキープすることで必要十分だと考えてください。

本来、クラブヘッドで大きな円弧を描いていることを忘れないでください。大きな円のイメージがあると、必死にタメようとする動きは必要ないと感じると思います。なぜなら、タメを深くしようとする動きは円弧を小さくすることに他ならない

上げていくと手首の角度は自然にできる。下ろしていくときにその角度はやはり自然にほどけていく

ダウンスイングで左にウエイトシフトするだけで、「たまった状態」に見えるものでもある

からです。
　バックスイングで深まった角度は、ダウンスイングでほどけていくのがナチュラルです。ナチュラルさを追求してみると、「ほどけてしまうけど、いいの？」「まるでキャスティングしているみたい」と感じる人も多いと思います。
　たしかに、手首を単体で、なおかつ２次元で考えると、手首の角度はほどけていっています。しかし、スイングの動きを全体で３次元でとらえると、ナチュラルに「タメができている」ように見えるものです。とくに、しっかり左足に乗ることで、「たまっている」ように見えるものなのです。

トップでの右手首の角度をキープして、ある程度まで下ろしてくることを考える。角度を深くしようとする必要はなく、維持でよい

16 ダウンスイングで右腰をバンプする

ダウンスイングで左足の上に体重を乗せるため、腰をヨコにスライドさせてない？

Command!

バンプをすると腰の位置が左に動くだけで、ウエイトは右足の上に残っています。右腰が左より高い状態を保つことが、ヨコの動きと回転などをうまく結びつけるカギになります。

ダウンスイングの動きを説明するゴルフ用語に「バンプ（BUMP)」というものがあります。「BUMP」は英語で「突き当たる、衝突」という意味ですが、ダウンスイングで左腰を目標方向にある仮想の壁にぶつけるようにして体重を左脚の上に乗せにいく動きのことを指しています。

プロの映像や解説動画などを見ても「突き当てている」ように見えますが、そうした衝突のイメージでは、腰の位置は左に動きますが、体重自体は右足の上に残ってしまう人がほとんどです。要は、上半身が右に傾くだけ。右腰が左腰より低くなっているため、左へウエイトをシフトさせていくことができないのです。「ぶつけろ」と言われて、素直にぶつけにいくから右に残ってしまうか、それに気づいた人は逆に上半身ごと左に突っ込んでいったりします。

バンプだと右腰で左腰を押す、または右足で左腰を押すイメージになりますが、どちらもヨコ方向に押す感覚だと思います。

やはり、回転を無視して、動きのイメージをつくろうとするからだと思います。

では、どうすれば左足に体重を乗せられるのか。

カギとなるのは右腰の高さです。バックスイングをすると右腰は左腰より高くなっていきます。

左より右を高くしておけば、右から左へと体重を移していくことがたやすくできるようになります。

切り返すときにできている右腰の高さをキープすること。その結果、ウエイトは左に乗って、バンプした形になります。バンプした形をつくりにいくのではなく、必要な動きやポジションを理解することが第一です。

腰をヨコに平行移動させても、右腰が左より低くなっていくと、右足に体重が残ってしまいやすい。これではバンプの目的＝ウエイトシフトはできあがらない

ダウンスイングで回転だけを強調しすぎると、左足の上に乗ることができなくなる

バックスイングをすると、右腰は左腰より高くなっている。この高さを変えずに、腰を回していくと、体重を左足のほうに乗せることができる

17 腰を切る

腰を「切る」ようにシャープに回転させて、クラブを速く振ろうと思っていませんか？

Command!

腰を切ると振り遅れるだけです。回転とヨコの動き、上下の動きを結びつけることが大切です。そのための動きは、腰でつくるものではなく、足を使って起こすものです。

「腰を切る」というのは、具体的になにを言っているのかよくわからない漠然とした言い回しですが、多くの場合は、左腰を後ろに引いて回していく動きを指していると思われます。そのうえで、ゆっくりしていたり、力感のない動きなどではなく、スピーディで、さも効率よく力を生み出しそうな、切れのいい動きをイメージさせるのが「腰を切る」という言葉の魔力だと思います。

でも、腰を切ろうとすること、しかも鋭く、速い動きにしようとすることで、クラブの振り遅れが起きます。回転ばかりに頼るスイングとなり、左右の動きや上下の動きとうまく連動させることができなくなります。「腰を切る」と左サイドが伸びるため、左より右腰が低くなり、ウエイトが右に残ったり、動きが詰まる原因にもなります。

腰を切ろうとして、左腰を背後に鋭く回すことでダウンスイングの動きをつくろうとすると、振り遅れになりがち

スイングについて、「下から順番に動かす」「シークエンスを守ることが大切」という言葉もあります。それによると「腰を切る」動きは、「下から動く」にかなっているように思えます。でも、腰はカラダの真ん中です。下ではありません。

下とは、足裏なのです。その、足の使い方については「足で蹴る？　それともべた足？」（98ページ）で説明します。

腰を切るのはやめましょうと言っても、「じゃあ、腕だけ振っていればいいのか」というのも当然、間違いです。

足の裏を使って回転、ヨコの動き、上下の動きを組み合わせてスイング全体の動きをつくっていく。腰で動きをつくるわけではないことを理解してほしい

左腰を高くするメリットはアッパースイング

私自身「腰を切る」というゴルフ用語にどれほど遠回りをさせられたか、という思いがあります。一生懸命、腰を切ったり、バンプさせたりして、お尻を前に出さないでウエイトを左に乗せようと試行錯誤を続けました。

しかし、腰を切ろうとしてもバンプしても、左腰が高くなります。だから、左へウエイトシフトができなくなりました。ほかにも弊害は枚挙にいとまなく……。

足裏を使う、というところからスイングの動きを組み立て直すことで、スイングの迷いがひとつ解消に向かうと思います。

ただ、ウエイトシフトができないままの状態でも、唯一、メリットもあります。アッパーに振ることができる点です。左サイドが伸びて、「左のカベ」が斜めにできあがっていると考えられるのです。

アッパーに振れる場面、ティアップしたドライバーや、ボールが浮いているライなど、限られた場面ではありますが、うまく活用することを考えてもいいと思います。

腰を切った結果、左サイドが伸び上がると、もう左足の上には乗っていけない。回転運動も止まってしまいやすい

腰を切る動きで唯一のメリットと言えるのが、アッパースイングで打てること。左サイドが伸び上がった状態になることで、「左のカベ」の役割を果たしてくれるので、力の伝達の面で効率は悪くない

18 左のカベをつくる

左のカベをつくろうとして、左のヒザを動かさないようにがんばってない？

Command!

ダウンスイングで左ヒザを前に向けて曲げたままにしておくと回転が止まり、弊害が起きます。回転に合わせて左ヒザを伸ばしていくことで、左のカベとしての機能を果たせます。

ひと昔前、「インパクトでは左のカベをつくることが重要」と言われていました。そのために、左ヒザを前に向けたままにするとか曲げたままにしておくと習った人も多いのではないでしょうか。

右から左にウエイトシフトする力をインパクトに乗せたいのに、左ヒザが左にズレるとカベが壊れ、力が逃げてしまうと説明されていたと思います。そのため、左ヒザを動かさないようにして、左脚の内側で、右から左へと伝わってきた力を受け止める、それが「左のカベ」の役割とされていました。

しかし、左ヒザを動かさないようにがんばることで、カラダの回転が止まってしまいます。その結果として、急激にヘッドが返ってしまい、打球の制御が効かなくなったという人が多かったのではないでしょうか。ウエイトシフトでつくる力を左脚で受け止めたとしても、ヒザを曲げたまま固定することによって、その力をインパクトで活用することができなくなっていたのです。

ゴルフスイングはカラダ各部のいろいろな運動が組み合わさった動きです。その中でも、回転は、必須要素のひとつです。それなのに、回転を阻害すると、インパクトで帳尻を合わせる必要が出てきます。

左ヒザを曲げたまま動かないようにしておくことで「左のカベ」をつくろうとすると、上半身の回転が阻害され、不自然な動きになる

回転と連動してヒザを伸ばす動きでカベはできる

体重が乗っているのは足の裏なので、足裏から動かすのが「下から動かす」ということにつながってきます。地面を踏めるのは足裏です。ジャンプするときも、屈んでから足裏を使って地面を押して跳ぶわけです。

ただ、ゴルフスイングはそのような上下運動だけでなく、回転運動も左右の動きあります。足裏や脚を使って地面を押すだけでなく、回すことも、左右に動くことも行なわなくてはなりません。

その動きをうまくつなげようとするならば、ヒザを止めておくことはありえません。ヒザを伸ばすことで、左足は地面を踏み、反力を受け取って、下から上へと力を伝えます。その力の使い方をすれば、左ヒザは外に流れなくなります。カベの役割を果たしてくれるわけです。左ヒザが伸びてカベとなることで、右から左へのウエイトシフトの力も受け止め、左足で地面を踏んでつくった下から上への力とまとめて腰から上の回転につなげ、さらにインパクトにつなげてくれる、スムーズかつ大きな力をつくれる効率のいい力の伝え方になります。

左腰が回っていけば、左ヒザは自然に伸びる。スムーズな回転を促すだけでなく、地面を踏む力の反力を受け取って、回転にエネルギーを与えることもできる

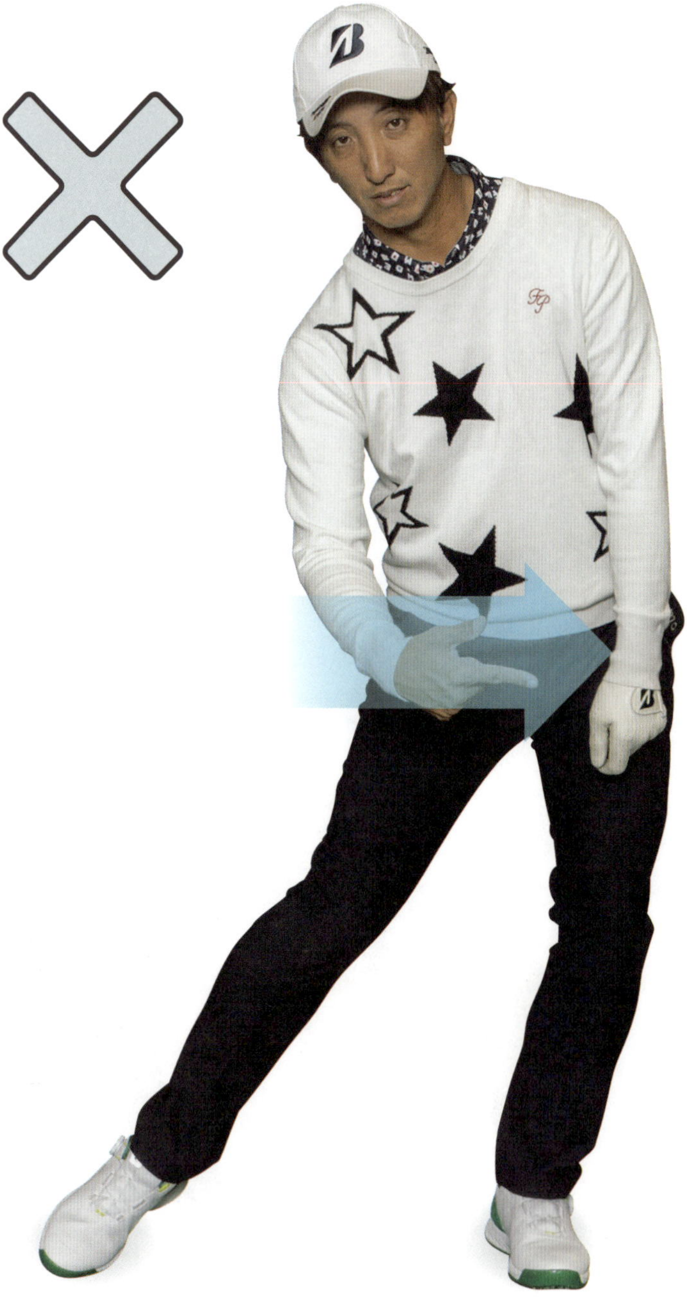

右足で蹴った力、右から左へウエイトシフトしてつくる力を、左のカベが受け止める。しかし、左ヒザを固定し、左足全体の動きを不自然にすると、動きのつながりや力の流れが詰まってしまい、矢印の力の行き場がなくなってしまう

地面を踏み、下から上へ力を伝えることで、左のカベの役割を果たしてくれる。左から右への力も受け止め、回転に伝え、さらにクラブへと伝える。動きのつながりとしても力の流れとしても、スムーズで効率がよくなり、インパクトの力がより大きくなる

19 カラダの正面でインパクトする

カラダをボールに正対させた状態で
打とうとしてない？

Command!

インパクトですべての部分を同時に正面に向ける必要はありません。どこか一部でも正面に正対している感覚がもてればいい、と考えてください。

「カラダの正面でインパクトしましょう」と言われることがあります。初心者の場合は「インパクトはアドレスの再現」（10ページ）と同じ意味で使われたりします。

初心者レベルを卒業した頃になっても、「カラダが開いてインパクトすると、振り遅れでスライスする」と言われ、やはり「カラダの正面でインパクト」を追い求める教え方もあります。

カラダの正面でインパクトとは、「カラダをボール（または飛球線）に対し、正対させた状態でインパクトを迎える」という意味かと思います。

このようなことが可能なのでしょうか。不可能ではありませんが、バックスイングでカラダは捻転され、腰よりも肩のほうが大きく回っています。クラブヘッドはさらに遠くに行っています。それぞれの位置が異なり、インパクトまでの距離の差があるわけです。

回転すれば、カラダの向きが変わるが、腕はそれ以上に動いており、ヘッドはさらに遠くまで到達している。それぞれの移動距離、あるいは回転角度には、違いがあるため、インパクトへ同時に戻してくることは難しい

カラダのどこかが正面を向いている感覚があれば良い

トップから切り返しでできている距離の差を、インパクトでゼロにする必要はありません。「全部、正面に向く状態に戻してインパクトする」必要はないのです。

ただ、カラダのどこか一部分が正面を向いていればいい、あるいは「正面を向いているという感覚がもてれば」いい、と考えてください。その感覚があれば、アドレスで構えをつくった方向へ、迷いなく振り抜いていくことができます。

どこを正面に向けるのでしょうか。たとえば、頭（顔、帽子のつば）、右肩の前部分（鎖骨のあたり）、右上腕、両肩のライン、両腰のライン、右腰の前の部分、両ヒザのライン、両足のライン、両目のライン、などなど。もっと違う部分で感じとっているケースもあるでしょう。

その部分のみが「ボールに正対している」という感覚がもてれば、「カラダの正面でインパクトしている」ととらえていいのだと思います。へたにすべてをインパクトで合わせようとするより、動きの連動が適正になり、より効率よく力を出せるスイングになると思います。

通常のスイングで、インパクトのタイミングで、腰はターゲット方向に回っている。それでも、上半身だけ、あるいは肩のライン、あるいは顔など、カラダの一部分が「正面を向いている」という意識はもつことができる

20 ビハインド・ザ・ボール

どのクラブでもどんなショットでも、
頭を右に残そうとしていませんか？

Command!

頭をボールより後ろに置いた状態でインパクトする、というのは、すべてのショットに当てはまるわけではありません。長いクラブと高い球を打つときのセオリーだと考えてください。

ビハインド・ザ・ボール、という言葉は、ボールより頭を後ろに置いておけ、という意味のセオリーです。

インパクトで左足の上に乗っていなければならないのに、頭は右に残せ、ということです。ダウンスイングでは足を使ってカラダを左に動かしていくけれども、上半身まで一緒について行ってしまうと「突っ込む」ミスになるからね、だから頭は右に残しましょうね、ということです。

頭がボールより後ろに残れば、クラブがリリースされて走って行く力に対して、引っ張り合ってバランスをとることができます。

ただし、回転の中心もある程度、右に残るため、スイングはアッパー気味になります。そのため、相性がいいのはティアップして打つショット、となります。レベルに振る場合にも相性はいいと思います。フェアウェイウッドなど長いクラブを打つときも、ビハインド・ザ・ボールでいいでしょう。

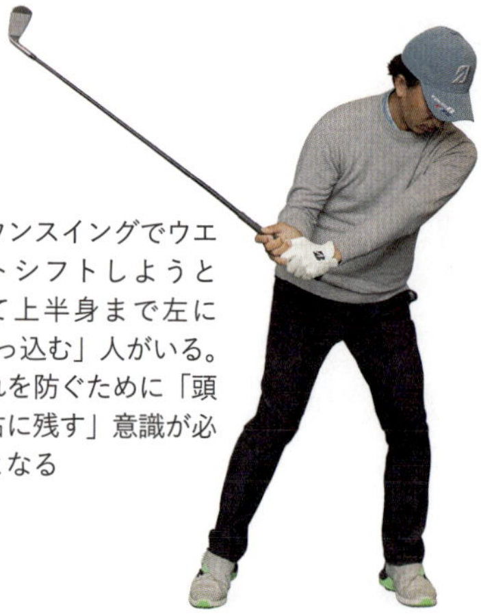

ダウンスイングでウエイトシフトしようとして上半身まで左に「突っ込む」人がいる。これを防ぐために「頭は右に残す」意識が必要となる

しかし、ミドルないしショートアイアン、ウエッジでは、頭の位置をボールの真上にしたほうがいい人も多いと思います。短いクラブの場合は逆に、頭を右に残す意識をもたないほうが、ヘッドを上からボールに入れられます。クラブが短くなればウエイトシフトが小さくなるのが自然なので、「ヘッド・ビハインド」という意識がとくに必要なくなるという説明もできます。

また、ボールを高く上げたいときも「ヘッド・ビハインド」でいいと思います。

文字通りビハインド・ザ・ボールの形になるのは、ドライバーやフェアウェイウッドなど。遠心力とのバランスをとって振り抜きをよくすることができる

ミドルアイアンでは頭はボールの上にあるほうが、上からヘッドを入れやすいし、ボールに体重を乗せやすい。さらに低く出すアプローチでは頭はボールより目標側にあるほうがスムーズに動ける。クラブや打つショットによって頭の位置は変わるということだ

ゴルフスイングにおいて、本当に正解はないのか

The Real Swing, The Real Instruction #1

書籍や雑誌の記事、あるいはWebにアップする動画などで、私は「ゴルフスイングにおいて、やってはいけない動きはないし、こうすれば間違いないという動きもない。つまり正解はない」と言い続けてきました。不特定多数に対して、「誰にでもあてはまる答え」はないという意味です。

「こういうのが正しいスイングだ」という定義もありません。ですが、「ある程度の指標のようなもの」がないと、ゴルファーの皆さんは、何を目指せばいいかわからない状態になってしまいます。

この地球上での運動であり、道具の形や構造は決まっていて、人間の構造も決まっている。ならば、物理とバイオメカニクスの法則で答えは出せるはずです。現段階では「すべてを」とは言えませんが、それでも物理とバイオメカニクスの法則を基準に、ある程度の指標は導き出せると思っています。それさえ提示できれば、皆さん、迷うことがなくなるだろうと思うのです。

これまで、スイング理論はずっと「個人的な感覚」をベースに語られてきました。それが最近は、測定器の進化とともにデータを元にした物理やバイオメカニクスでゴルフの動きを考えていくことが主流になっています。

まだまだ解明されてない部分も広範囲にありますが、根拠に基づいた知識を手に入れ、コーチやプロのようにすべてを知る必要はありませんが、少しでも知っておくと、ゴルフが変わることは間違いありません。

そうすれば、取り組み方に間違いがなくなります。間違った練習は、間違った結果しか生まないのです。間違っていても、タイミングが合ってたまたまうまく行くことも当然あります。「それがゴルフ」でもあるのですが、そうすると、練習は基本的に「タイミングを合わせる練習」となり、合う日は合いますが、継続してうまくいくかどうか、その確率は多く練習できる環境に身を置ける人たちや天才以外はとても低くなるのです。

正しい情報を得たからと言って、それをすぐにできるようになるわけではありません。正しい情報であっても、身につけるためには時間がかかるものです。正しく練習する必要もあります。

そして、いくら練習をしても、練習は簡単にあなたを裏切ります。

同じ時間を費やすのであれば、正しい情報に基づいた正しい練習のほうがいいと思います。

第2章

スイング上達の妨げとなる「カン違い」を解説

21 小鳥を包み込むように握れ

グリップを強く持つと動きが悪くなる。ソフトに持っても強く叩けると思ってない？

Command!

「ソフトに持つ」という人でもインパクトの瞬間はすごい力で握っています。ソフトにという意識でうまくいかない場合は、違う考え方をもってもいいのではないでしょうか。

昔から「グリップは小鳥を包み込むようにやさしく持ってください」とか「力を入れたらヘッドが走りませんよ」と指導されてきました。

グリッププレッシャーについてはなにが正しいのか、誰もひもといていません。

人それぞれ感覚や、やりやすいグリップの持ち方があると思いますが、答えは2パターンしかありません。

持つ（強く握る）か、持たない（強く握らない）か。

皆さんはどちらですか？　持たないと言う人に「持たずにボールを強く打てますか？」と聞くと、「そのほうがヘッドが走るから、強く打てる」という答えが返ってきます。でも、今の世の中、グリップ圧を測る機会がありまして、それで測るとインパクトではものすごい力を使って握っていることがわかっています。本当に一瞬の話なので火事場の馬鹿力的な感じで、すごい力が出ています。誰でもです。「持つ」という人も「持っていない」という人も、クラブがボールに当たる瞬間には、力をめちゃめちゃ入れているのが実情なのです。ボールと衝突するわけですから、持っていなければ当たり負けしてしまいます。

それなのに、「(強く）持つな」と言っている方々は、強く持たない意識でいても、インパクトの瞬間にはしっかり力を入れてボールを叩ける人たち。

「(強く）持て」と言っている人たちは、インパクトでいきなり大きく力を出すのは難しいから、最初から（強く）持って振ったほうがいいよ、と言っているのです。だいたいの場合は、インパクトの瞬間に急激に力を強くしてしまい、軌道が変わったりフェースの向きが変わったりしてしまいます。

軽く握ろうとしていて、うまくいかない場合、リリースの仕方と関係あるのですが、最初から強く握って振る打ち方を試してみてはどうでしょうか。そのほうが、一般アマチュアゴルファーにはミスを減らす近道だと思います。

小鳥を包むようにソフトに握っている、というイメージの人でも、インパクトの瞬間を同じようにソフトに握ったまま迎えているわけではない

グリップの強さを装置を使って測定したグラフ。スイングのタイミングにおける力の強さを赤いラインで示している。アドレスの間、30 ～ 75 Nの力でヘッドの重さを支えている。振り始める前にすでに「ゆるゆる」ではなくなっているわけだ（画面左端に下から0N［ゼロエヌ］～ 600Nの目盛りで力の大きさを表している。Nは力の単位、ニュートン。1キログラムの物体に1m/s² の加速度を生じさせる力が1ニュートン）

スイング中、グリップの力は一定ではない

上級者やプロの「それほど力を入れずに握っているよ」という意識の人でも、力を入れずにボールを叩けているわけではなくて、必要なフェーズではグリップ圧を高めて打っています。

「グリッププレッシャーは、スイング中ずっと一定である」という教えもありますが、先ほど提示したデータがある限り、事実とは違います。あくまでも感覚の話ということになります。

ヘッドは重たいですから、それを支えるのに必要なグリップの強さがまず必要です。ヘッドが重さで垂れてしまわない力加減を最小として、それでうまくいかなければ、力を入れてみる。それでもうまくいかなければ、力加減をさらに変えてみる。「持つか持たないかの2パターン」と言いましたが、「持つ」場合、力加減は最小から最大までいろいろなレベルがあって、どのレベルが一番うまくいくかは人それぞれだと思いますので、試してみると予想外のおもしろい結果が出るのではないかと思います。

グリップの強さを測定する装置を使って得たデータを紹介しておきます。測定したのはドライバーの平均飛距離300ヤード、ヘッドスピード52m/秒の上級者です。自身の意識としては「力を入れずに握っている。一定の力をキープしている」とのことですが、現実はまったく異なっていることをお確かめください。とくに、切り返し以降からインパクト直後まではかなりの力が入っています。これは、被験者が飛ばし屋だからということではなく、どんな人でも、もちろん「ゆるく持っている」と言っている人でも、同じように強く握っているのが実情なのです。

ヘッドの動きが想定外にならないように、ある程度のグリッププレッシャーは必要。その力加減を「小鳥を包むようなソフトさ」と感じるか、「しっかり固定する強さ」と感じるかという個人差もある。もともとの握力の大きさの影響もある

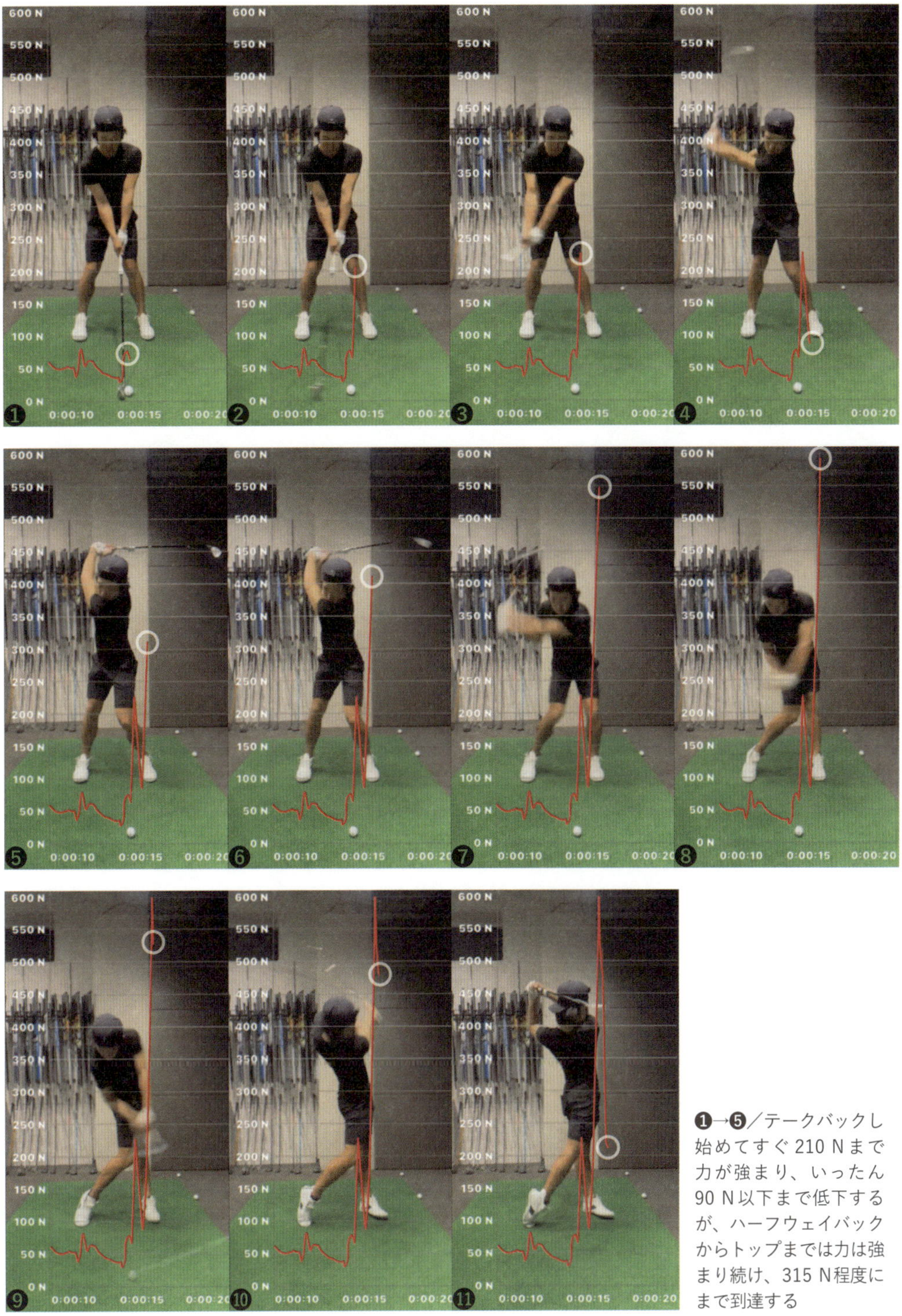

❶→❺／テークバックし始めてすぐ 210 N まで力が強まり、いったん 90 N 以下まで低下するが、ハーフウェイバックからトップまでは力は強まり続け、315 N程度にまで到達する

❻→❽／トップでは「力を入れるな」という教えもあるが、実際にはバックスイング〜トップにかけて上昇してきた力の強さはさらに強まっていき、切り返し直後に 420 N程度、ハーフウェイダウンで 600 程度まで上昇する

❾→⓫／ハーフウェイダウン以降は実は力は多少弱まっているが、それでもインパクトゾーンで 530 N程度、ごくごくゆるやかに弱まり続けてフォロースルーで 500 N 以下にまで低下。フィニッシュでもクラブを支えるための力は 215 N使っている

22 頭は動かすな

スイング安定のために、頭の動きを止めて、
その場に残しておこうとしてない？

Command!

頭が止まって見えるのは、首が回っているからであることを意識してみてください。首の可動域以上にカラダを回そうとすると、顔の向きが回って、頭の位置も動きます。

「頭を動かさないで」と言われることがあると思います。

頭はカラダの中でもっとも重いパーツですから、傾いたり動いたりすると全身の動きに大きく影響が出ます。軸がぶれて、安定した動きにならなくなるので動かさないほうがいいという意味です。

頭は、動いていないのでしょうか。なんとなくプロの映像を見て、動いていないという印象をもっているのかもしれません。けれど、実は動いています。

バックスイングでカラダは右に回転しますが、そのとき、首は左に回っているのです。胴体に対して首が左に回っているからこそ、頭がその場に止まっているように見えるわけです。

ところが、首には可動域があり、その範囲を超えてカラダが右に回っていくと、顔の向きが右にずれていき、頭の位置も右にずれていきます。

頭の位置については、まったく動かさないという心構えではなく、「右に動かしていい、右に回っていい」という感覚で動きをつくればいいと思います。そのほうが自然です。

頭の位置と向きを変えずに肩を回すということは、首を反対に回しているということでもある

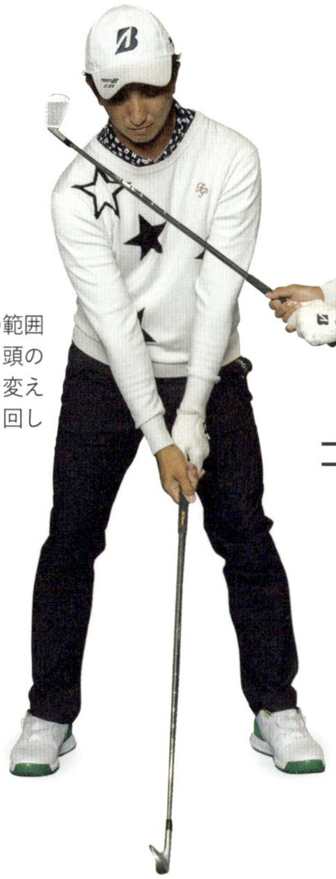

首の可動域の範囲内であれば、頭の位置と向きを変えずにカラダを回していける

首には可動域がある。左右で違う場合もあるので、確かめておくといい。常に同じとは限らないことにも留意すべき

首の可動範囲を超えて肩を回そうとすると、頭の向きが変わらざるを得ない。しかし顔が向きを変え、頭がずれたように見えるが、軸は動いていない場合もある

頭で動きをリードするのは避けたほうがいい

頭を動かすことで悪いことがあるとしたら、頭で動きをリードするケースです。

頭を動かして、それをきっかけにほかのパーツを動かすというパターンです。まず、頭という重たいパーツを重心から外すことになりがちで、その結果全身が前後左右にずれたり、軸の傾きが変わったりします。

なにより、頭を動かすことで、自分がどの方向を向いているのがわからなくなります。

それでも再現性を高くすることに成功している人もいますが、特殊な人だと思ってください。通常は安定感を欠くことになるはずなので、避けたほうがいいと思います。頭を動かすなというより、頭で動きをリードするなという意味として理解していただければと思います。

頭を先に回してバックスイングの動き、ダウンスイングの動きをリードするという動きの流れでスイングをつくっているゴルファーがいる。それで慣れていて、そうしないとタイミングがとれないという場合もあるが、安定感を欠く原因になりやすい

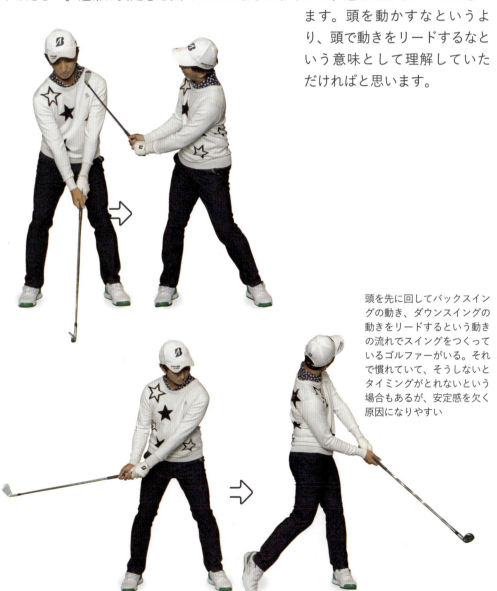

頭の位置は「だいたいこのあたりにいよう」という感覚をもっておく程度がお勧め

×

頭は重いので、傾きを変えるだけで、位置がずれていく原因となりやすい。頭の位置だけでなく頭の傾きを保つことを意識するとスイングの動きがよりナチュラルになっていきやすい

23 ボールを見つづけよ

**ヘッドアップを防ぐために必要なのは
ボールを見つづけることと思ってない？**

Command!

頭を回転の軸として機能させますが、そのためにボールを見つづける必要はありません。ダウンスイングでは「頭もリリースする」と考えてみてください。

「頭を動かすな」という言葉と同じような意味で使われるのが、「ボールを見つづけろ」というフレーズだと思います。ボールから目を離さないことで、頭が起き上がって、回転の軸が動いてしまう事態を避けるための言葉だと思います。

しかし、ボールを見つづけようとしすぎて、カラダの回転が止まってしまったり、手が返りすぎたりしている人を多く見かけます。

「頭を動かすな」（80ページ）の項で説明したように、カラダの回転に対し、首は反対に回っています。が、そこには可動域の問題があるため、ある程度以上カラダを回転させようとすれば、顔の向きは変わっていかざるをえません。

とすれば、ボールが見えている景色も、実は変わっているのです。ボールを常に「視界の真ん中」で見ようとすると、顔の向きが変わることを抑えてしまうため、回転に制限がかかったり、バックスイングでウエイトが左に残って左に傾いたりします。顔の向きが変わるにつれ、ボールの見え方が変わるということに意識を向けてみましょう。

また、インパクト後までボールのあったあたりを見つづけようとすると、首の可動域以上にカラダが回っていかなくなります。カラダがある程度以上回っていけば、顔の向きも回転についていくのが自然です。インパクトではクラブをリリースしますが、頭もリリースすると考えてみてはいかがでしょうか。

頭の位置を残すつもりはないのに残ってしまう人は、動きの組み立て方に問題がある。直すためにはスイングのシステムの組み替えが必要

肩の回転に合わせて、顔の向きも回っていく。それに伴って頭の位置も変わる。頭がリリースされると考えてもいい

ボールを視界の真ん中に起き続けようとすると、顔の向きが変わっていきづらくなる。顔の向きが変わっていけば、ボールの見え方も変わっていく

顔の向きが変わるにつれて、ボールの見え方は変わる。利き目が左右どちらかなのかでもボールの見方は変わるので、確認してみるのもいい

24 軸は1つ vs 軸は2つ

1軸理論と2軸理論があるけれど、どちらかだけが正しいと思ってない？

Command!

1軸にしろ2軸にしろ、すべてのクラブ、すべてのスイングをひとつのパターンで動こうとすることには、無理があります。1軸も、2軸も、ケースバイケースなのです。

まず、「軸とはなにか」これを考えましょう。軸は動きの中で位置的に動かないもののことです。動きの中心という考え方もあると思います。

では、スイングの軸はどこにあるのでしょうか。まったく動かない部分があるとすれば、それを軸と意識することはできると思います。これは1軸の考え方でしょう。

一方で、軸は「動かないもの」のはずですが、「動くけれど、動きの中心となる場所がある」と考えると、2軸の考えになると思います。

ゴルフスイングで軸をとれる場所は3カ所あると思います。ひとつは、センター軸。あとは、左側、または右側。

軸がひとつだと考える場合、センターに軸をとると「筒に入っている感覚でスイングしましょう」というワードがまさにこれを表現しているのだと思います。軸はひとつ、センターから動きません。その場でクルクル回るイメージです。

左に軸を置いた場合、体重移動は起こさず、ずっと左にいながら上げて下ろすだけなので、ドアのようなイメージでスイングが簡単そうです。

右に軸を置いた場合、右サイドを蝶番のようにし、左サイドをドアのように動かして、大きくウエイトシフトした感覚になります。が、ダウンスイングでも軸を右に固定すると、明治の大砲のように右に体重が残るスイングになります。

そこで、バックスイングでは右に軸をとって大きく動き、ダウンスイングでは左に軸をとって、左の軸を中心に回転するという2軸の発想になるわけです。

センター軸、右軸、左軸。どこに軸があるかという質問には、「人それぞれの考え方があっていい」が答えとなる

1軸も2軸も、右軸も左軸もセンター軸もありえる

どれが正しいのでしょうか。

どれも正しいと思います。両脚で立っているわけですから、その間のどこにでも軸はとれるのです。人それぞれ、感覚の合うイメージで「自分のスイング像」をつくればいいのだと思います。

ただし、ひとつ言っておきたいのは、パターやアプローチからドライバーのフルスイングまで、すべてをひとつのイメージでつくろうとすると、ゴルフは余計に難しくなってしまいます。クラブの長さによって、スイングの大きさによって、また、各々のスイングの仕方によって変わっていくのが自然なのです。

パターは動きが小さく、目的は遠くへ飛ばすことではなく、正確に狙った方向に打ち出すことにあるので、どこかにひとつ軸をとって、それを動かさずにスイングをつくる、つまり1軸になるわけです。

アプローチはやはり正確性を目的としますが、少し動きが大きくなるため、ウエイトシフトが生じます。しかし、その目的ゆえに最小限にとどめますから、ほぼ1軸のような感覚になります。軸の位置としてはセンターも右も左もあり得ます。

クラブが長くなるにつれて、ヘッドが動く弧の半径も大きくなり遠心力も大きくなるため、通常、ウエイトシフトが大きくなっていきます。そして、ドライバーなど、目的が遠くへ飛ばしていくことになるクラブでは、さらにウエイトシフトが大きくなるわけです。

目的が異なるさまざまなプレーにおいて、常に同じ軸で動こうとするほうが不自然な動きを強いてしまいます。「すべてのクラブを、いつも同じ軸で振る」というのは、シンプルでよいイメージになりそうですが、実は不自然であり、理にかなっているわけではないということは、理解していただきたいポイントです。

クラブの長さ、ほしい飛距離、打ちたいショットなどさまざまな要因で、スイングは変わる。それぞれに合った「軸のイメージ」がそれぞれあってもおかしくない

25 体重は右足の上から左足の上へ移す

体重はいつでも右足の上から左足の上まで移動させるものだと考えていませんか?

Command!

２軸として考える場合、クラブの長さや状況に応じて、軸の幅は変わります。ウエイトシフトはその軸の間で行なうものですから、いつも右足の上から左足の上とは限りません。

ウエイトシフトはするのか、しないのか。これについてはどちらの教え方も聞いたことがあります。

「ウエイトシフトはしない」という言い方は、「しないつもり」という意味に過ぎません。「１軸でスイングをしている」とほぼ同じ意味で言っているのだと思います。しかし、軸を動かさないようにスイングをつくったとしても、回転によって腕の重みが左右に動きますから、ウエイトシフトは起きています。

もし本当に「ウエイトシフトが起こらない」ような動きをしようとすると、回転によって腕の重さが左右に動くのに対して、バランスをとるようにカラダ全体を腕とは逆方向、つまりバックスイングで左、ダウンスイングで右へと動かさなければならないはずですが、誰もそんなことはしていません。

「軸は１つｖｓ軸は２つ」(86ページ)で説明した内容の続きになりますが、飛ばしを目的とすると２つの軸の間での移動が起こるのが自然ですし、逆に、飛ばすことよりも正確性を優先するならば、軸を動かさない動きになるほうが自然です。

「ウエイトシフトはする」にしても「ウエイトシフトはしない」にしても、すべてのショットにおいて、答えはどちらかひとつ、常にそれだけが正しいと考えることこそ不自然だと思います。

ウエイトシフトの注意点としては、ウエイトシフトは軸を２つとして考えたときには、その内側で行なうものです。スタンス幅を広くして軸の間隔を広げれば、ウエイトシフトする距離も長くなり、スタンス幅を狭く、軸の間隔も狭くすれば、ウエイトシフトする距離も短くなります。軸の内側で行なうと言っても、インパクト後に関しては、さらに動いて、左足の真上に立つくらいになってもＯＫです。

ショットの場合はウエイトシフトが起きる。ごく狭い範囲で起きていたり、ある程度の幅を持っていたり、スタンス幅で起きていたりする。ごく狭い範囲で起きているウエイトシフトを２軸と意識するか１軸と意識するかも試してみる価値がある

カラダを回転させれば、体幹や腕、クラブの位置が刻々と変わり、全体としての重心が左右に動く。重心が動く範囲はスタンス幅の中央で、距離にして 30 センチにも満たない範囲だ

26 上体が右に傾いてはいけない

ダウンスイングで上体を右に倒し、右肩を
下げる動きはダメ！と思っていませんか？

Command!

右手を下にしてグリップするので、構えたときから上体は右に傾いています。そのまま前傾した軸で回転すれば、右に傾いた状態は変わらないはず。右に傾くのは間違いではないのです。

ダウンスイングで「右に倒れてしまう」という悩みをよく聞きます。

しかし、上体は、右に倒れないわけではないのです。「右に倒れないようにしよう」と考えると、それが逆に悪い動きの原因になってしまいます。

まず、構えた時点で右手が左手の下にあるため、右肩は低くなっています。そして前傾した軸で回転運動をするので、トップでは上半身は右を向きます。前傾角度を保つため、左肩が下がり、左に側屈した状態になっています。

ダウンスイングではこれと反対のことが起こります。上半身が左を向いて、右肩が下がるわけです。

ただし、右に向いて左肩が下がっている状態（トップ）から、いきなり左を向いて右肩が下がる状態（フォロースルー）になるわけではありません。回転運動ですからいったん、右を向いた状態から元に戻っていく時間があるわけです。トップからいったん、正面を向いて右にも左にも側屈していない状態に戻って、そこから左へ向き、右肩が下がる状態になっていく。これが流れです。

ダウンスイングのはじまりで、いきなり右に傾くと左サイドが伸び上がり、左腰が高くなるので左足にウエイトを乗せていくことができなくなり、回転のつもりが上下運動に変わってしまいます。

ダウンスイングの早い時期にカラダを右に倒すと、スイング軌道が強いインサイド・アウトになりミスを引き起こす

トップでは上半身は左に傾いている。ダウンスイングではいったんアドレスの状態に戻り、そこからさらに回転してカラダが左を向くにつれて右に傾いていく。いったん戻ることを省いてはいけない

27 スイングは体幹の回転+腕の振り

スイングはカラダの回転と腕の振りのみ。
上下動は悪い動きと考えていませんか?

Command!

伸び上がる動き、左右の動き、前後の動きなどはスイングを壊す場合もあります。しかし、そのような動きでもタイミングと組み合わせ次第では効果的な動きになることもあります。

側屈の話が出てきたところで、前著『ザ・リアル・スイング』で紹介した、カラダの動きの自由度について改めて説明しておきます。

本書で何度も繰り返してきましたが、ゴルフスイングは、前傾した軸で回転してつくるものです。「前傾して回転」という表現を繰り返し使ってきましたが、それだけでスイングが成り立っているわけではありません。

3次元の世界における動きは、上下、左右、前後という3つの軸方向に分解して説明できます。それぞれの軸の方向への動き(上下の動き、左右の動き、前後の動き)がまずあります。それで3つ。そしてそれぞれの軸を中心にした回転の動きがあるので、3が足されます。つまり、合計で6種類の動きがあるということで、「6 DoF(シックスドフ=剛体がとり得る動きの6自由度)」という言葉で説明されます。

この世界における動きはすべて、ですからゴルフスイングの動きも当然、この6つの動きをうまく組み合わせてつくられていると考えることができるわけです。

たとえば上下の動きや前後の動きについて、「ゴルフスイングの中には、ない」とは考えません。それらも使ったほうが、より多くの動きを動員できるので、エネルギーとしては大きくしやすくなります。もし、動きの目的が遠くへボールを飛ばすというものであるならば、エネルギーを大きくしたほうがいいのですから、使えるものなら、それらの動きも使おうという話です。

体幹の動きだけだと考えているかもしれませんが、実は「この世界における動きはすべて」ですから、体幹以外のどのパーツについても6 DoFはあります。そしてもちろん。あらゆるパーツのどんな動きでさえ、組み込んでスイングをつくることは可能なのです。

上下方向の軸に対し、軸の両方向への動き（上と下）がある。また、上下方向の軸を中心にした回転がある。これがゴルフスイングにおけるいわゆる「回転」

左右方向の軸に対し、軸の両方向への動き（右と左）がある。ウエイトシフトは主にこの方向の動き。さらに、左右方向の軸を中心にした回転がある。これは前傾を深くしたり浅くしたりという動きになる

前後方向の軸に対して、軸の両方向への動き（前と後ろ）がある。この軸を中心にした回転の動きは、ゴルフスイングにおける側屈の動きとなる

動きの組み合わせで力をまとめ上げる

6 DoF だけでなく、カラダのあらゆる部分で、トルク、伸展屈曲などの動きの自由度があります。それらの無限の組み合わせで、スイングは成り立っています。

どの部分のどのような動きも、スイングに組み込むことは可能です。

足裏から足首、ヒザ、股関節、腰、肩と上へ上へと伝わってきた力は、腕を経由してヒジから前腕、手首と手を介してクラブへ伝わります。すべては、クラブの先端に力を伝えるという目的のために、合理的に、そして効率良くつなげていければいいわけです。

すべては物理とバイオメカニクスによって成り立っているということを、もう一度考え直してみてください。理論から外れた動き方はありえないのです。クラブの動きは物理学、カラダの動きはバイオメカニクスに則ったものとして考えていくと、ゴルフスイングにおける自然な動きになっていくと思います。

カラダの中のあらゆる部分に動きの自由度はある。さまざまな部分の動きがうまく連動し、力を合わせていけるように組み立てていく

足で取り込んだ力が、腰の回転でつくる動きに加わり、それが肩を回して腕を振り、クラブを振って、インパクトでボールに伝える。力の連動を意識することが、振り遅れのないタイミングの合ったスイングをつくることにもつながる

28 足で蹴る？ それともべた足？

「べた足＝足で地面を蹴らない＝
力を使わない動き方」だと思ってない？

Command!

下半身をばたつかせないためにべた足にするという考え方は間違いではありません。しかし足は動いているように見えなくても、足の動きで力を上半身に伝えることは必須です。

足の動きについては大きく使っている人、小さく使っている人などさまざまです。では、足はどうしたらいいのか。

「足で蹴れ」も言われますし、「足で蹴るから土台から崩れる。足はべた足にしろ」など、正反対のことが言われています。ほとんどのことには「正しいのはこれだけ」という正解はなく、どのような内容にも一長一短があるものです。足の使い方もやっぱりそういうものと言えます。

ただ「べた足だと、足の裏はずっと地面についたままで、足は動いていない。だからここに力は使っていないのだ」と考えるのは、間違いということは理解してください。動いていないから、なにもしていない、というわけではないのです。

地面との接点は足の裏だけですから、どのような使い方にしろ、地面からの力を受け取ることが、足の動きの最大の目的になるはずなのです。なにもしなければ、地面からの力を使うことはできません。

では、なにをするのか。

踏む、です。あるいは、地面を押す。

私は足裏を使うと考えたほうがいいと思っています。

カカトが地面に着いている、または着いているように見えるのが、べた足の定義だと思います。もしそのような状態に見えるとしても、しっかりと飛距離を出している人は、地面を踏んで、地面から返ってきた力を使っているわけです。その点については、理解してほしいと思います。

足をあまり動かさないイメージの人も、思い切り蹴るイメージの人も、地面に圧力をかけて、その反力を地面から受け取って、スイングの連動を生み、エネルギーの伝達をしている

×

「べた足は脚を使わないこと」と意識しすぎると、不自然な動きになってしまう

べた足タイプは方向性重視の人が多い

地面に何かしらの形で圧をかけることで。腰、さらに上半身へと上に力を伝え、それを今度は腕、シャフトを通じてヘッドへと下方向に力を伝えていき、ボールを打つ、というのがゴルフスイングでの力の流れです。

その力が大きければ大きいほど、効率がよければよいほど、インパクトが強いものとなるわけです。

地面からの力を上に伝えて、また下に戻さないといけないのが、ゴルフスイングの厄介な部分ですが、ここから少し、地面の踏み方のパターンと上への力の伝え方について説明していきます。

足の使い方は、大きく４つのパターンにわかれると思います。

べた足、両足で同時に蹴る、片足で蹴る、そして片足ずつ蹴る、の４つです。

最小限の反力となるのは、べた足でしょう。足首がまったく動かないわけではありませんが、ごく小さな動きにとどめるので、押す力の大きさは最小限です。

べた足で打つのは、腕をうまく振りインパクトでフェースをうまく戻せる人たちが多いと思います。地面からの跳ね返りの力が大きくないので、前傾が起き上がることもなく、角度をキープしやすく、その前提のうえで、腕をうまく動かしてフェースをしっかりコントロールできる人たち、いわゆる「当て感」のあるタイプで球が曲がらない傾向があります。

足の動きが小さければ、地面から受け取る力は大きくならないが、上半身の動きを乱すような影響も小さく抑えられる

足の動きが小さいことで、腰の左右の上下動が小さくなり、上半身の動きが安定することで、腕の動きに余裕が生まれる。腕の動きに感覚的な操作を加えたいタイプが好む足の使い方となる

両脚ジャンプは最大の力を生むが、難しくなる

両脚でジャンプするタイプは、ジュニアや女子にとくに多く、一般のアマチュアの中にもかなり多いです。まさにジャンプ、つまり跳ぶための動きです。

ジュニアが大きく跳ぶように脚を使っているのは、よく知られています。両足とも、地面からカカトが大きく離れます。アマチュアゴルファーでも多くの人が、両脚同時に跳んでいます。ジャンプをする際の上下の動きは、大きな力を出せますから、この動きを使うのは、力を出すためとしては正解ではあります。

両脚ジャンプの中でも、動き方のパターンがふたつあります。ひとつはヒザを伸ばす。もうひとつは股関節のところで、前傾している角度を広げていく動きです。

どちらも、回転が止まりやすく、ウエイトシフトもしづらいのですが、カラダは正面を向くので「正面を向いてインパクト」のイメージには合ってきます。

伸び上がることとクラブを下ろすことで力そ相殺します。

両脚ジャンプの人たちは、地面を押す力が強いので、上に伝わる力も大きい。脚で出す力が大きければ大きいほど、地面から脚、そして上半身へと伝わる力が大きくなるのですが、その力を、もう一度、下に戻す、つまりクラブを通じてインパクトに伝えることがよりいっそう難しくなるとも言えます。

V字型のスイングプレーンになり、ぶれる可能性が高く、いちばん難しい使い方と言えます。インパクトが点になり、「当たれば飛ぶけど、打点ずれたり曲がることが多い」ということになるのです。

上体が起き上がるパターン。上に伸び上がることで、反動でクラブを下ろしてこれる。カラダの正面でのインパクトになり、力を集約させた感覚にもなりやすい

ヒザを伸ばすタイプ。股関節の部分の前傾はある程度キープされている。左右のヒザの屈伸を同時に使うため、一気に地面からの力が返ってくる。うまく活用できるかどうかはタイミング次第、または熟練度次第とも言える

いちばん多いのは、左足を引いて使うパターン

片足だけ使うパターンもよく見られます。

ほとんどが左足だけというパターンです。これは、全4タイプのうち、いちばん多い使い方のパターンです。

逆に、右足だけ蹴るというパターンで足を使う人は、ほとんどいない印象です。右足を使っていると言う人の多くは、足が動いているように見えていても、腰やお尻を前に出しているだけというパターンがほとんどです。

蹴るのは左足だけという使い方をしている場合、左足が伸びて、右足の上に体重が残るアッパースイングになるケースがほとんどです。左足で地面を踏んでいることで圧力を感じるので、「左足に体重を乗せた」とカン違いする人が多いのですが、実際には右に残っています。左腰が高くなっているため、左足に乗っていけないのです。

片脚の曲げ伸ばししか使わないパターンとしては、左脚を使うタイプが多い。写真のように右足の上に重心が残るパターンだ。右足だけを使う例はほとんどない

片脚ずつ使うのがナチュラルで最大効率となる

最後のパターンは、片脚ずつ力を出して最終的に両足で地面を押すタイプです。トッププロの中では多いタイプです。足の使い方という観点からすると高度な技ととらえてよく、練習量の少ない人にはお勧めしませんが、習得するといいのは間違いありません。

これができたら、上半身の動きの安定を損なわない範囲で、脚でつくれる力＝地面から受け取る力としての最大値を出すことができます。

トップからまず右足を使って地面からの力を左に移すと同時に、その力に回転を加えながら左足を踏んで地面からの力を受け止めて、上に伸びる力で回転にさらに力を与えていくイメージです。ゴルフスイングは、ボールをカラダの左方向に飛ばす運動ですから、左にウエイトシフトすること、左に回転していくことで左方向へ飛ばす力を生み出すことは理にかなっています。この足の使い方は、それに最も適した動きになるわけです。

上半身の使い方、腕の使い方については、足の使い方に合わせる必要があります。下だけうまくできてもあまり意味がないので、そこまで練習が必要ということでもあります。しかし、動きの連鎖としては理にかなったものであり、意識して絶妙なタイミングを合わせなければいけないという類いの身体操作ではなく、使い方さえ理解できれば練習でいくらでも修得できると思います。

4パターンを説明しましたが、大まかに分けただけであり、それぞれの中間と言えるタイプもありえます。自分ができる範囲で、なんとなくそれらしくした感じ、というレベルでも十分なので、それぞれをイメージして自分の動き方を変えてみる、試してみるといいと思います。

脚の筋肉はいわゆる「大きな筋肉」のカテゴリーに入っている。飛距離を伸ばしたいのならば、両方使うべき。なお、脚でより大きな力を出せるのは、上下に動くときである

片脚ずつ曲げ伸ばしを使うパターンとしては、ダウンスイングのはじめで右脚を使い、地面からの力を受け取って腰の回転をサポートする

さらに左脚の曲げ伸ばし（上下の動き）を使って、ウエイトシフトしながら（左右の動き）、力をまとめ、その力を腕、そしてクラブへと伝える

29 シャフトクロスは「悪」

トップでシャフトが目標の右を指すのは
悪いスイングだと思っていませんか？

Command!

シャフトが目標より右を指す「シャフトクロス」はスライスの元凶と言われます。しかし、シャフトクロスにもいくつかのタイプがあり、それぞれの特性を理解することが大切です。

トップでシャフトがターゲットの右を指す状態は、シャフトクロス（シャフトが飛球線と交差している）と呼ばれ、球がつかまらなくなる原因とされています。その反対に、シャフトがターゲットの左を指す状態はレイドオフと呼ばれ、シャフトが寝ているとも表現されます。こちらは球がつかまりやすくなるとされています。

球がつかまるかつかまらないかの観点から、シャフトクロスは悪でレイドオフは善だ、というイメージになっているのかと思います。

しかし、シャフトクロスだからすべてダメというわけでもないのです。

まず、注意していただきたいのは、シャフトの向きと言っても、シャフトが地面と平行になるまでクラブを上げていった段階での向きで判断しているわけです。オンプレーンのスイングであっても、クラブがそこまで上がっていっていない段階ではシャフトは飛球線の左を指している状態です。そのため、ドライバーのフルショットであれば、飛球線と平行、右向き、左向きという見方で判別するのは適切なのですが、アイアンなどではクラブがそこまで上がっていかないため、シャフトが左を向いていてもオンプレーンと言える場合もあるわけです。

また、トップでのシャフトの向きだけを見て「シャフトクロスだからダメだ」などと判断することも危険です。上がってくる過程を抜きにして考えることはできません。バックスイングの過程でアンダー（ヘッドがスイングプレーンより下側）からプレーンを横切ってクロスになるシャフトクロス。バックスイングの過程でクラブが立ってヘッドがスイングプレーンの上（＝オーバー）になり、そのままクロスの位置のトップに収まるパターンなどがあります。レイドオフでも、上がってくる過程でオーバーからスイングプレーンを逆に横切ってレイドオフになるパターンと、アンダーで上がってきて、そのままレイドオフになるパターンなどがあります。

いくつかの傾向や注意点があるので、それを説明してみたいと思います。

シャフトが飛球線と平行になるのがオンプレーン。この位置が基準となる

トップでシャフトがターゲットよりも左を指すのがレイドオフ。ヘッドはプレーンよりも下にある（アンダー）

トップでシャフトがターゲットよりも右を指すのがシャフトクロス。ヘッドはプレーンよりも上にある（オーバー）

ヘッドが基準となるスイングプレーンよりも下を通っている状態がアンダー。アンダーからシャフトクロスになったり、レイドオフになったり、オンプレーンになったり、パターンはさまざまある

シャフトクロスからプレーンに乗せる一動作

トップでシャフトクロスになる人の中で、アンダーで上がってきて、クロスする人のパターンから説明しましょう。

シャフトがクロスしているということは、右ヒジがカラダから離れているのですが、この状態のトップからダウンスイングを始めると、まず離れているヒジをカラダの近くに引き寄せる動きを入れます。それによって、クラブはプレーンより下の位置にスムーズに下りてきてくれます。いわゆる、シャローと呼ばれる、球をつかまえやすい軌道に誘導できるのです。

腕に注目して説明すると、トップで、腕は左に回っていて、トルクがかかりきった状態になっています。腕を左には回せない状態にあるため、ダウンスイングはまずそれを右に回す動きで始めることになります。その動きで、右ワキが締まり、右ヒジが地面を差し、クラブは通常、プレーンより下のシャローの位置に下りてくれるわけです。

それはメリットと言えるのですが、ターゲットの右を向いていたシャフトが一気に左に向くまで大きく動くため、シャフトが暴れやすく、クラブの重心も後にいくのでコントロールが難しくなります。また、カラダの正面から腕が外れがちなことも、難しさの原因となります。

トップでシャフトクロスの位置（オーバー）であっても、このようにダウンスイングのはじめにアンダーの位置まで動かすことができるようになると、オーバーのまま下ろしてくればフェードが打てるし、アンダーに入れればドローが打てるという具合に、自在に軌道をインサイド・アウトにしたりアウトサイド・インにしたり、コントロールできるようになります。ダウンスイングでヘッドをプレーンに乗せるまでに時間がつくれるので、そのような打ち分けがしやすいのです。

このプレーンに乗せるまでの時間によってタイミングがとりやすいと感じる人も多いと思います。

また、シャフトクロスの場合は、トップまでのヘッドの運動量は増えます。これによってダウンスイングでのインパクトまでの助走距離が長くなるのでスピードを出しやすい、飛距離を伸ばしやすいというメリットにもなるわけです。

プレーン上を上げてきた場合もシャフトクロスします。腕全体を左に回す、または前腕だけを左に回して、ヘッドをクロスの位置にしています。バックスイングの早い段階でシャフトを立てて、プレーンをなぞるように上げる人などがこのタイプになります。腕が左に回っていれば、ダウンスイングでは、右に回り出すのが自然です。それによってクラブはシャローになるため、ボールがつかまりやすくなります。

シャフトクロスの場合、ヘッドはプレーンよりも上にあるが、ダウンスイングを始める際、腕のねじれを戻すために、いったんヘッドがプレーンより下に下りてくる。その流れでインサイドから下ろしやすいメリットがある

レイドオフは負荷が小さめで素直に下ろしやすい

レイドオフの特性は、ボールをつかまえやすい、ということが第一です。右に回っていた腕が回り戻るので球がつかまるのです。

トップでの状態としては、シャフトクロスとは逆で、左腕、右腕ともに右に回ってる状態です。左肩が浮いていない限り、カラダ各部のポジションはオンプレーンとそれほど違いなく、シャフトクロスのときに必要だった「右ワキを締める」などの調整動作も必要ではありません。

ただ、ダウンスイングでは、すでに腕は右に回り切った状態からのスタートとなります。そのため腕が左に回り始めることによってクラブが立ちやすくなります。アンダーにあったクラブが、立ちながらプレーンに乗ってくる感覚です。立って入ってくることで、人によっては、ボールのつかまりがさらによくなるということにもなります。

トップでのヘッドはアンダーとはいえ、プレーンとそれほど離れてはいません。そのため、ダウンスイングの始まりで、シャフトクロスではひっくり返すかのようにシャフトを大きく動かしましたが、レイドオフのポジションからならば大きくシャフトを動かすことはありませんので、シャフトも大きくしなりません。クラブが暴れづらいのでシャフトが寝た状態から、ヘッドの重みを感じながら、プレーンに乗せやすいと感じられると思います。

さらに、プレーンに乗せる動きが小さめということは、負荷もそれほどかかりません。そのため、シャフトクロスとは違い、クラブが大きく暴れることは少なくなります。これらがメリットです。

開いた左ワキを閉じる動きを入れない場合や、アンダーの度合いがより強い場合、つまりシャフトが寝すぎている場合は、寝れば寝るほど戻すのに時間がかかるため、ヘッドの重心位置の関係上（フェースの後ろ側にあるため開く）、シャフトが立ちづらくなり、ダウンスイングでインパクトまでよりアンダーになって寝たまま下りてくることになります。

シャフトクロス、オンプレーンのスイングに比べて、ヘッドはインパクトまで近い位置にあり、助走距離が短くなります。腕の力や操作でクラブのスピードを出す人にとっては、インパクトまでに加速しきれず、飛距離が出しづらくなるのがデメリットと言えます。

しかし、助走距離が短いということは、振り遅れになりづらく、シャフトが暴れづらくなるためインパクトの誤差が大きくなりにくいということにもなりますので、デメリットばかりではありません。そのためこのパターンのレイドオフは腕力のある人に多くなる傾向があります。

トップでクラブがレイドオフの場合、はじめからシャローのポジションにあると言える。プレーンとはさほど離れていないため、シャローの位置からスムーズにプレーに乗せやすい

レイドオフのポジションからは、いったんシャフトが立ちやすい。つかまりが良くなる理由だが、「つかまりすぎ」の懸念も出てくる

オンプレーンはすべての基準になる

シャフトクロスとレイドオフ、ともに一長一短があるという話をしてきました。そのうえで、「でもやっぱりオンプレーンですよね」というのが結論となります。なぜならば、オンプレーンこそが、クラブとカラダにとって合理的な動きによってつくられるクラブの軌道だからです。つまりは、スイングづくりにおけるすべての基準となるものと言えます。

クラブにとってもカラダにとってもナチュラルに近い状態で、どちらもお互いに同調し、物理的な法則に逆らわずに動くことができます。だから安定します。再現性が高くなり、また、結果の乱れも出にくくなります。

また、プレーンに対してアンダーでもオーバーでもない、まさしくオンプレーンのスイングは、弾道の打ち分けに際してもニュートラルなため、どういう球筋も、比較的打ち分けやすいということも言えます。

そうしたことを考え合わせると、目指すべきはやはりオンプレーンスイングなのだと思います。アマチュアゴルファーにとっては、はっきりとした具体的な理想形として、「戻るべき、目指すべきスイング」となるものだと思います。

ただ、あくまでも基準であり、そうしなくてはいけないと言っているわけではありません。シャフトクロスでもレイドオフでも、自分が「やりやすい」と感じるのであればどちらでも問題ないこともつけ加えておきます。どちらの場合も、特性を理解し、パターンから外れるような操作を加えようとしないこと、機能的でスムーズに振れるようにすることを目指すといいと思います。

オンプレーンのポジションにクラブが収まっているのは、プレーンに沿って、スムーズに上がってきた結果なので、切り返しでの負荷とそのしなり戻しの処理もシンプルなものになり、インパクトが安定しやすくなる

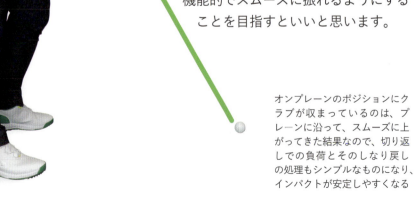

トップでクラブがオンプレーンということは、オーバー、アンダーどちらにも偏っていないニュートラルな状態なので、素直にダウンスイングをつくりやすい

30 右手は悪さをする

スイングは左手でリードするものであり、右手を使ってはいけないと思ってない？

Command!

両手でクラブを振っている限り、左手だけでなく右手も使います。結果が悪くなるのは右手の使い方を理解していないことが原因です。

「スイングは左手でリード」左でリードすると、ハンドファーストになるしダウンブローになるので、ボールを強く飛ばせます。左足側に体重も乗せやすくもなります。

右を使うと手首が返ったり、キャスティング（ダウンスイングの早い段階で手首をリリースする動き）してハンドレートになったりするので「ダメ！」と習ってきました。

左でリードするメリットがあることは、間違いないと思います。ただ、私もずっと「左リード」で打ってきたのでわかりますが、その言葉通りに打っていると、左しか使わなくなるのです。ハンドファーストが強くなり、ボールは低くなりすぎ、鋭角に入りすぎ、ダフらなくなるとしてもトップしやすくなったりします。

「左リード」と言われているだけなのに、「左だけで完結」とカン違いしていませんか。回転する中で、左でリードしていくのは確かですが、単に左でリードしているだけではないのです。理想的な動き方を追求すると、左でリードしながら、「右側で引っぱたく」が同時に行なわれていることが大切になってきます。

ゴルフスイングはここまで説明してきたように、「前傾に対して回転していくこと」が重要ですが、この「回転」は右も左もちゃんと使えていないと、スムーズさや効率の良さからいっても、精度や安定性の面からいっても、ベストなものにはなりません。

「左リード」という言葉がゴルフ脳の中に植えつけられてる私たちには、あたかも「右は使ってはいけないもの」と右手を邪魔扱いするかのような意識がありますが、右も使ってあげないとスイングにはなっていきません。左ばかりに気をとらわれず、右のことも同じくらい意識して動きをつくっていくことで、よりよいスイングにつながっていくと思います。

左手には左手の役割がある。左手で引っ張るだけでもスイングにはなる。メリットもあるが、デメリットもある

同様に、右手には右手の役割がある。右手で打つとミスになりやすいと言われるが、右手だけが原因ではないのかもしれない

左で引っ張り、右で押叩く。その協同作業で、最大限の力が出るのはもちろん、回転運動のバランスがとれることもあり、最大限の再現性、正確性に近づけることにもなる

右手の使い方を正しく覚えることも大切

右手を使うと、ダウンスイングの早い段階に手首の角度をほどいてしまうとか、インパクトでクラブを返してしまうなど、右手は「悪」として扱われてきました。しかし、それは本当に右手が原因と言い切れるのか、実はわからないのです。左で引っ張る意識が強すぎることで、そうしたエラーが起きていることもあります。すべては一瞬の出来事であり、どんなデータでもまだわからない部分もあるのです。

右手で下ろしてくれば、シャローな入射角でインパクトに導きやすくなるのは確かです。基準となるオンプレーンの軌道でヘッドを動かすためには右手をどのように使えばいいかに意識を向けてみてください。

左手では、クラブを引っ張る。ただし、引っ張るだけだと、リリースは難しくなる

右手でクラブを操ろうとすると、手首で早くヘッドを戻すキャスティングの動きや、ヘッドをターンさせる動きが過剰になることがある

右手には右手の使い方がある。右手でもハンドファーストで下ろしてくることはできる

右手を使わなければ、ボールを押したり、叩くことはできない

31｜フェースを返さないと球はつかまらない

フェースローテーションをしなければならないと考えていませんか？

Command!

フェースは開いて閉じるものですが、自分の意識としては「閉じて、開く」にしたほうが、フェースをスクエアに保ちやすくなります。

フェースを返すという言葉の指すものとしては２パターンあります。開いて閉じるパターンと、閉じて開くパターンです。後者はあまり聞き慣れないかもしれませんが、あります。ただ、そのように意識しているからといって、意識しているとおりにクラブが動いているとは限らないので、注意が必要です。

「フェースは開いて閉じるもの。閉じなければボールがつかまらない」とはよく耳にする表現です。この返し方のパターンは、自然なものだと思います。

腕はバックスイングで右に回り、ダウンスイングからフィニッシュにかけて左に回りますが、その動きによってこのフェースローテーションは起きます。

右ページ上の写真のように、ヒジをたたむ動きも積極的に使い、フェースローテーションを大きくつくるスイングもあります。ただ、フェースがターゲットを向くのは一瞬となるため、タイミングを合わせる練習が必要となります。

その一方で、右ページ下の写真のように、スイングプレーンに対してはフェースはずっとスクエアでありつづける、という動かし方もあります。タイミングに依存せず、フェースの向きが安定しやすいだけでなく、両手が胸の前から外れない点でも安定度を高められるスイングになると思います。

ただ、この説明も「２次元で考えたら」という注釈がつきます。現実には３次元で動いているわけですから、話は変わってくるはずなのです。このトピックは、ここまで科学が発展し、データ計測などが進んできてもまだ100％の確証のある答えに至っていない部分と言えます。が、ゴルフスイングの成否を決めるキーポイントであることは間違いありません。ひとつ言えるのは、今までの常識にとらわれずに、答えを探すことが大切だということ。答えというのは、「自分なりの答え」であっても十分にスイングづくりにおいては役に立つと思います。

バックスイングでフェースを開き、ダウンスイングで閉じていく動かし方。フェースがターゲットを向くのはごく一瞬となる。そのタイミングをインパクトに合わせる練習が必要だ

プレーン上でフェースをずっとスクエアに保つ動かし方（2次元で考えた場合）。腕はバックスイングで左、ダウンスイングで右に回している。フェースの向きが変わる度合いが小さくなるため、インパクトでの向きの誤差が小さくなる。両腕の三角形キープと手首をヨコ方向に使うことがカギ

32 クラブをリリースしないほうがいい

インパクトに向かってクラブをリリースしないほうが、いい打ち方だと思ってない？

Command!

特殊なショット以外は、リリースは起きるものです。まったくリリースしない打ち方は、特殊な状況ではありえる、くらいに考えたほうがいいでしょう。

リリースはしないといけません。または、ある程度以上のスイングのスピードになれば、しないわけにはいかないと言うべきでしょう。

それでも「しなくていい」と言う人がいるということは、自分で意識してリリースする人と、意識しなくてもリリースしている人がいるということではないでしょうか。

現実的に、リリースは起きています。リリースがないとクラブはずっと振り遅れた状態です。ダウンスイングで右手首に角度があって、ヘッドは手よりも遅れた状態（ダウンスイングでは右にある）になっています。この手首の角度をほどいていくのがリリースです。バックスイングでは角度がついていき、ダウンスイングではインパクトに向けてこの角度がほどかれていくのが自然です。

基本的には、ヘッドは重たいので、ダウンスイングでスピードがつけば、いやでもリリースされます。「手首の角度を保って打つ」ことができるのは、ごく短い距離のアプローチやパターくらい、または林の中から脱出するショットや、大きくスライスをかけるなどの状況限定の打ち方です。

左手でクラブを引っ張るだけでインパクトに導くと、ヘッドが遅れているため、ヘッドがボールの位置に届かなくなる

リリースしないと言う人もいますが、どんなにがんばっても手首の角度をほどかずに振り抜くことはできません。「しないつもりで打つイメージ」というのが「しない」の意味と考えるのが現実に合っていると思います。

左手でクラブを引っ張るだけだと、左手の動きを減速させない限り、ヘッドはリリースされていかない

リリースしない打ち方。右手の角度がフィニッシュまで保たれている。飛距離を出さない目的のショットとしては使える動きになる

リリースのタイプその1「タテに手首を使う」

リリースの動きについて説明しておきましょう。

現在、リリースとしては3種類あるとされています。手首、ヒジ、腕の動かし方が違い、ヘッドの動き方も違ってきます。

1種類目の動かし方は、タテです。エクステンションリリースと呼ばれ、大半の人がやっています。

バックスイングでタテにコックした人は、このリリースをせざるをえないわけで

タテにコックで上げたヘッドを、タテのリリースで下ろし、ヘッドを走らせる。重力方向に力を使うため、インパクトの力は大きくなる

す。釘を打つように、下に向かってヘッドを落とす。「下に向かってパンチを打つイメージ」という説明もあります。

シャフトが下にしなるトウダウンの動きが強く出るため、手元が浮きます。限りなく点でインパクトを迎えることになりますから、打点のタテぶれ、ヨコぶれが多くなります。インパクトでフェース面がターゲットに向くことが、飛距離と正確性を両立させるカギになりますが、まさに瞬間的に向きをターゲットに合わせにいくことが必要で、職人技と言えるのかもしれません。

一発の「飛び」はあるでしょうが、安定性に欠ける打ち方になると思います。

カラダは回転しながら、手首でヘッドをタテに動かす。動きの組み合わせとなり、ヘッドは斜めに動くことになる。つまりプレーンに乗って動く

タイプその2「ヨコのリリース」はヒンジの動き

２種類目の動きは、ヨコのリリース。コーナーリリースと呼ばれます。これは、バックスイングでヒンジを使った場合に、同じようにヒンジを使ってヘッドを走らせていく動かし方です。

ヒンジの動きなので、リリースしても、プレーンに対してフェースの向きが変わらないため、ボールのコントロールはしやすいはずです。

また、回転運動の方向に対して、クラブをリリースする方向が同じなので、カラダの動きとヘッドの動きがシンクロしやすく、「ふたつの異なる動きが組み合わさることで生じる予想外の動き」が出ないことは大きなメリットとなります。

フェースの向きが変わりにくくなるため、打点が大きくズレることもなく、結果が安定します。比較的コントロールのしやすい動きと言えるかもしれません。ただ、リリースのタイミングが悪くなると、最下点が右にずれてダフりやすくなったり、打ち出しが高くなったりするでしょう。

手首をヨコに折る動きでヘッドを走らせる。カラダの回転もヨコ方向なので、動きの親和性は高い

手の甲側に折った（ヒンジの動き）右手首の角度をほどき、手のひら側に折り、ヘッドを走らせ、フェースを返している

タイプその3「カバー」はふたつの中間

3つ目の動かし方が、カバーリリースと呼ばれるパターンです。エクステンションとコーナーの中間的なリリースの仕方です。「コーナーっぽくエクステンションしてリリースします」としか言いようがありません。

ヘッドが動こうとするのを上から手首（その上からカラダも）でおおって、なるべく止めようとするのが、このパターンのイメージとなります。

手首の動きとしては、ごくわずかな角度です。

ヒジが、手首の動きをごくわずかなものに制限するためにはたらきます。ヒジも手首とヘッドをカバーしているイメージです。

まったくリリースしないわけではないので、球はつかまり、適度に上がります。そして、当然ではありますが、フェース面の向きの変化が限りなく少なくなるため、コントロール性は抜群の安定感をもたらしてくれます。

ヒジを曲げて手首に伝わる力を抑制しながら、手首を必要な分だけほどいてヘッドを走らせるのが、カバーリリース

カバーリリースにおける両手首と両ヒジの動きのイメージ。手首自
体の動きとしてはごく微妙だが、リリースしている

33 バックスイングはゆっくり

「速く振ろうとする＝力む」なのだから、
ゆっくりがベストだと信じてない？

Command!

「ゆっくり」でうまくいく人も、「速く」でうまくいく人もいます。途中でテンポが変わるとうまくいく人もいます。固定観念を捨て、自分のリズムやテンポを見つけることが大切です。

バックスイングについては、「ゆっくり」という教え方が多いと思いますが、「速く」という人も見かけます。こういう場合は「どちらかが正しい」わけではなく、「どちらもある」。つまり、ゆっくり上げるのが合う人もいれば、速く上げるのが合う人もいるということを示しているのだと思います。

リズムというのは、「規則的な運動や、時間的な感覚のパターン」のこと。3拍子とか4拍子など、強弱も関わって規則的なパターンをつくります。それに対し、テンポというのは、リズムを規則的につづける「速さ」のことです。これがゴルフのスイングでは、タイミングの取り方や力の出し方に深く関わっています。

スイングづくりにおいて、形ばかりにとらわれがちですが、リズムやテンポは形よりずっと重要なファクターです。

ただし、どんなリズムやテンポがいいのかということではなく、自分のリズムとテンポを見つけ、いつも同じように実行することが大切です。

リズムやテンポは本当に、人それぞれです。変えようと思っても、今までやってきたテンポやリズムから離れることはなかなか難しいものです。

ゆっくり上げてうまくいくなら、そのままつづけてください。

速く動かしてうまくいくなら、これもそのままつづけてください。

問題は、そのどちらでもうまくいっていない人です。うまくいくこともあるけれど確率が悪いという人も含めます。ゆっくり上げていた人は、速くを試してみてください。速く上げていた人は、ゆっくりを。

「ゆっくり上げて、切り返しからスピードを出す」パターンもありえますし、「速く上げて、ゆっくり下ろす」パターンもあります、「一定のスピードで上げて下ろす」ももちろんありますが、さまざまなスピードの「一定」を試していただきたいと思います。

自分に合うリズムとテンポと力の入れ具合

自分に合うリズムとテンポ、そしてスピードの出し方、力の出し方がありますから、いろいろ試していただければと思います。

ちなみに「速く」よりは「ゆっくり」とアドバイスする人が多いのは、スピードを上げようとすると力んだり動きがバラバラになることが多いからだと思います。急激に力が入ると意図しない動きが加わることが多いためです。

ただし現実には、「ゆっくり」を意識していながらも、途中から急激に速いスピードへと加速させようとして、力んで動きを乱す人が多いと思います。そのため、「ゆっくり上げて、ゆっくり下ろす」というようにダウンスイングでも、とくにダウンスイングの始まりの部分で「ゆっくり」を意識させる教え方も多くあるのだと思います。

しかし、それでもクラブは加速していきますし、カラダには力が入るわけです。それを自覚したほうが結果が良くなるか、自覚しないで結果が出せるかは、人によって違うのでしょう。

「ゆっくり、力まず」を意識して振る人も、どこかで必ず力を入れている。その際に出がちな、動きへの悪い影響がなくせないようなら、「ゆっくり、力まず」の意識を変えたほうがいいかもしれない

The Real Swing, The Real Instruction #2

道具を扱うスポーツであるという大事な観点

ゴルフは、クラブという14本の道具を使うスポーツです。その道具を動かしているのは人間ですから、人間と道具をセットで考えていかなければならないと思います。

いい動きができているとしましょう。でも、クラブが合わせて適切に動いてくれないのなら、思いどおりの球は打てません。自分としては、こう動きたいし、イメージ通りに動かしているけれど、クラブが違う方向に動こうとしてしまうということが起こります。

そうなった場合、思うように飛ばせないと、結局合わせるのは人間です。最後に帳尻を合わせるような操作をしてしまうのです。意識的に行なう場合もあれば、無意識的に行なってしまう場合もあります。つまり人間がクラブに合わせることになるわけです。

多くの人はクラブに自分を合わせようとします。つまり、いい動きができるはずなのに、その能力を使うことなく閉じ込めてしまうのです。まったくの時間の無駄です。でも、それに気づけない場合もあります。

道具を扱うのは人間です。主体は人間のはず。その人間が、「こういう球を打ちたい」と意図した動きを、自然に実行できたほうがいいはずなのです。そして、それをさせてくれる、その人の適性に合ったクラブがあるのです。

つまり、自分にクラブを合わせるべき。

「自分が悪いからうまく打てない」と思っている人が大半です。私自身もそうでしたが、「クラブに頼るのは言い訳」と思っていました。それも一理あるのですが、自分の意のままに動くクラブのほうがストレスなくプレーできると思いませんか？

初心者のレベルを抜けたら、ゴルファーはもっとクラブに関してわがままになっていいと思います。

自分にはどんなシャフトが合い、どんなグリップが合い、どういうヘッドが合うのか。ヘッドの重さはどうなのか。せめてそのくらいのことは最低限知っておくと、クラブに関しても、スイングに関しても、迷子にならず楽になれると思います。

ちなみに、クラブの重さやバランス、ヘッドの重心位置や、シャフトのしなり方が合うか合わないかということを判定するためには、さまざまな計測器を使って出したデータが役に立つことは大いにありえます。

第3章

スイングづくりにおける「なぜ？」に答える

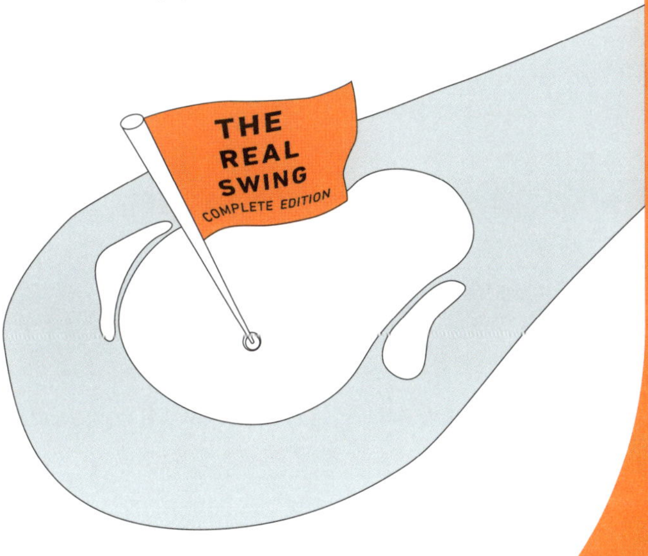

34 なぜ上体が起き上がるのか

Question ダウンスイングで前傾角度を保てず、上体が起き上がってしまうのはなぜですか？

Answer!

上体の起き上がりは、アドレスで折っていた股関節を伸ばすことで起きています。

ダウンスイングで上半身が起き上がる動きは、悪い動きとして有名です。「お尻が前に出る」と表現されることもあり、カッコ悪く見えるので嫌だな、と私も思います。

アーリー・エクステンション、つまり「早く伸び上がる」動きです。起き上がることで、ヘッドがボールに届かなくなるので、基本的にはトップが出ます。

上体の起き上がりは、股関節の伸展、つまりアドレスで折り曲げていた股関節の角度をほどくことで起きています。下半身の力を使おうとすると、股関節を伸ばし、お尻が前に出た形になります。上下運動が増え、回転運動が少なくなり、また左右の動きも減るのでクラブがボールに届かなくなります。そこで、クラブを届かせようとして手を使ったり、ヘッドを落としたくなります。

実は起き上がる動きもスイングのエネルギー源となりえます。「アーリー・エクステンション」の「アーリー（早い）」でわかるように、タイミングが早すぎると悪い動きになるわけです。起き上がるタイミングをもっと遅くすれば「よいエクステンション」です。そのタイミングをよくしていくには、「力の出し方」を考えるといいと思います。

スイングは、上下の動きだけでつくっているわけではありません。さらに、左右の動きと、回転運動などとを結びつけてつくるものです。そのうちの「上下の動き」だけに頼ると、上体は起き上がります。

股関節を伸ばす動きで力を出そうとするのではなく、回転と左右の動き、そこに上下の動きでつくる力を加えるという力の出し方のイメージに変えてみてください。脚の力がうまく回転につながっていくような足の使い方を考えてみるといいと思います。

上体が起き上がる動きは、「お尻（または腰）が前に出る」動きと結びついている。力の出し方として前後の動きを使おうとしていることになる

回転の動き、そしてクラブの動きに力を与えるような下半身の使い方を考える。起き上がる動きもタイミング次第では、スイングに力を与えることもできる

35 なぜ手元が浮き上がってしまうのか

Question インパクトで手をアドレスの高さまで下ろしたいのに、高くなってしまうのはなぜ？

Answer!

上体が起き上がるとヘッドがボールに届かないので、キャスティングします。その動きで、逆にグリップは上に押し上げられます。リリースの動きをヨコ向きに変えてみましょう。

アドレスのときの手の高さを、インパクトでも再現したい、と多くの人が考えています。プロも工夫を凝らしたいろいろな方法で、手を低い位置に通す動きを身につけるための練習に励んでいたりします。

なぜ手を低い位置にしたいかというと、ターゲットにフェースを真っすぐ向けているつもりでも、手が浮くと、フェースの面は右を向いてしまうので、こすり球になってしまうからです。

また、手が浮くということは上半身も伸び上がっているので、ボールにカラダの重さを乗せたインパクトにならず、ボールをつぶせたとか、フェースに乗せたという感触を得られなくなるからだと思います。

では、なぜ手の位置が高くなってしまうかというと、前項「なぜ上体は起き上がるのか」と関連しています。大きな力を出そうとして左腰を切るように回したりヒザを伸ばしたりすることで、おなかを前に突き出したりお尻を前に出したりして、上半身が起き上がります。上半身が起き上がれば必然的に手の位置も高くなってしまうわけです。

さらに、タテにコックし、タテにリリースをしていることも原因です。タテにリリースするとヘッドは降下しますが、作用反作用で、グリップエンドは上に押し上げられます。グリップが上がる、イコール、手元が浮くわけです。

前項で説明したように、とくに、リリースの仕方をヨコに変えると上半身の前傾がキープしやすくなり、それと同時に、手を低い位置で動かしやすくなります。

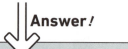

前傾軸を維持し、起き上がらずに回転すれば、手を低い位置で動かしやすくなる。手のほどき方としては、タテよりもヨコを主体にするといい

手首のほどき方をタテと考えていると、ヘッドが下方へ落ちる反動で手元が浮き、上半身が伸び上がる。このタイプの人は手の位置を低くしようとしても難しい

36 なぜリストは返ってしまうのか

Question リストターンをしようと思うと、リストが返りすぎて引っかけになるのはなぜ？

Answer!

左右に振るので、フェースは左にも右にもターンしようとしています。そこに「返す」動きを加えると、返りすぎることが多くなります。

基本的にクラブ単体はスイング中、右に回ろうとします。クラブはシャフトの延長線よりも後ろ側に重心があります。しかも、斜めに振るために、右に回ろうとするのです。

それをわれわれは、グリップをすることで回りすぎないようにコントロールしています。

グリップで押さえていれば、止まった状態ならば、クラブは右にも左にも回りはしません。

しかし、スイングをすると、クラブが回ろうとする力が大きくなり、グリップでクラブを抑えていても、クラブは回ってしまいます。対抗する力を加えない限り、その動きで前腕まで回されてしまうのです。

スイングの中でリストターンという言葉は、普通はダウンスイングで開いた状態から閉じた状態になることを言っていますが、なにもしなければクラブは開いた状態のままです。

フェースが返るとしたら、腕を左に回したとき、またはグリップがゆるいとき以外にありません。

そして、フェースが「返りすぎる」のは、返す動きが必要以上だったからということになります。。

このエラーを防ぐには、「手首の動きはコックなのかヒンジなのか」（36 ページ）の項で説明したように、「シャットにする」、つまり腕をフェースが回りたい方向とは逆に回すことが求められます。前腕を、バックスイングでは左に、ダウンスイングでは右に回してみてください。

基本的にクラブはヘッドの後ろ側に重心があるため、
開こうとする（右に回ろうとする）

適切にグリップすることで、クラブが開こうとするのを抑える。さらに、腕を回すことで、開こうとする動きを抑え、フェースの向きをコントロールする

37 なぜダウンスイングで左に体重を移せないのか

Question 右足から左足の上へのウエイトシフトができないのはなぜですか?

Answer!

右腰が低くなると、左方向へウエイトシフトできません。右腰が高い状態を維持することで、ウエイトシフトしやすくなります。

ダウンスイングで左足に体重を移すことは、多くの人が考えていると思います。でも、やり方が間違っていると、体重は左足のほうに移っていきません。左足の上に圧力がかかってきていて「体重を左に乗せた」という感触をもっていても、実際に重心は右に残ったまま、という人を多く見ます。

ひとつめのパターンは、腰を切る人。左足に乗って腰を切ることで左に体重を移したように感じられますが、カラダの左サイドが伸び上がり、左腰が高くなるため、体重は右足側に残っています。

ふたつめは、腰を流す人。腰を平行移動させる動きで左足に乗ろうとすると、上半身が右に倒れることでバランスをとろうとします。左腰は左脚よりも外側まで出ているのに、右に重心は残ったままになります。

三つめは、お尻が前に出る人。「なぜ上体が起き上がるのか」(134 ページ)の項で説明した「お尻が前に出る」動きで上半身が伸び上がり、回転が止まるため、左足に体重を乗せていけなくなるわけです。これらの多くは腰、ヒザ、お尻やそのあたりを使うことで起きています。

皆さんは「足裏に体重が乗っている」という感覚がもてるでしょうか。この状態から腰やヒザ、お尻を使ってウエイトを動かそうとするのが間違いの元です。足裏に乗っている体重は、足裏でしか動かせない、と考えてみてください。

足裏で動かすこと。そして、「ダウンスイングで右腰をバンプする」(60 ページ)で説明しましたが、右腰をずっと高くしておくこと。高いほうから低いほうへ体重は移っていきます。

左腰を切ると左ヒザ、股関節、足首が伸びる。伸びることで左側が高くなるため、「左に乗る」という作業の抵抗となってしまう

左腰が流れる（左にずれる）と状態の右への傾きが強まり、カラダの回転が止まり、重心が右足の上に残ってしまう

腰（または尻）が前に出ると上半身が起き上がる。上下運動の要素が極端に強まるため、回転、左右の動きが妨げられてしまう

38 なぜ左に振らなければならないのか

Question 左に振るのはフェードのはず。なぜドローを打つのに左に振らないといけないの？

Answer!

「フェードはアウトサイド・イン。ドローはインサイド・アウト」は間違いではありません。しかし、その前提として、どちらの打球でも左背後に振り抜くことは同じなのです。

スイングプレーンについては「スイングプレーンという平面上を動かす」(34ページ)の項で説明しました。スイングプレーンの上を動かすのが基準となるオンプレーンのスイングです。それよりもプレーンの向きが左を向くと、アウトサイド・イン、右を向くとインサイド・アウトです。前者はターゲットより左に振っていく感じ、後者は右に振っていく感じになります。

しかし、この「左に振る、右に振る」という表現は誤解を生みがちです。

ゴルフスイングは、上半身を前傾した状態で、クラブを振るわけです。それによって、自分を中心とした円とアークで、クラブを動かすことになります。

円とアークですから、バックスイング側ではヘッドはカラダの右後ろに上がっていき、また戻ってきてフォロースルー側ではヘッドはカラダの左後ろに上がっていくことになります。

つまり、必ずカラダの左に振り抜かれているのです。これは、ドロー、フェード、またはストレートであろうが、どんな球を打つときも同じ。どのクラブでも同じなのです。

ドローを打つときはインサイド・アウトだとしても限りなく右へ振っていくのではなく、最後はカラダの左後ろまで回っていくわけです。

フェードボールだけが、軌道がアウトサイド・インだから左に振るのが正解というわけではないということを理解していただければと思います。

たしかにボールの前後では、ドローはインサイド・アウト、ストレートは真っすぐ、フェードはアウトサイド・インで動かしています。しかし、全体像を考えると、どのボールを打つのも「インサイド・インの軌道＝カラダの周りを円運動」で変わりないのです。

自分の振り抜く感覚とボールの飛び方は一致しない

左へ振り抜くと左へ飛んでしまいそう、という錯覚から脱却してください。

たしかに、スライスを打っていた頃は、左へ振り抜いて、左方向へボールを打ち出していたと思います。そこからドローへと矯正する際に、クラブを右に振り抜く意識をもつという処方箋で成功したのかもしれません。そうすると左に振り抜くのは違和感がありますね。それも理解できます。

でも、「振っている感じ」と「ボールの飛び方（打ち出し方向と曲がり方）」は合致しないのが、正解なのだと理解していただけたらと思います。

ボールの前後ではインサイド・アウトだとしても、カラダの周りを回っていくクラブの動き全体を見ると「インサイド・イン」で、カラダの左後ろへ振り抜かれていく

ボールを打ち出す方向とクラブを振り抜く方向は違う方向だと理解したい

39 なぜ振り遅れるのか

Question 振り遅れを指摘されますが、直せません。振り遅れている原因を教えてください。

Answer!

振り遅れの原因はオーバースイングと、腰を切ること、ハンドファーストを意識して手を前に出してヘッドが遅れることなどが挙げられます。

振り遅れの原因は、いろいろとあります。

クラブの動かしすぎがその主たるものでしょう。バックスイングで腰を回しすぎていたり、腕を上げすぎていたり、手を使いすぎてオーバースイングになることが振り遅れを招きます。大きく動かしすぎるから、戻ってくるのに時間がかかり、振り遅れるわけです。

ダウンスイングで腰を切る動きも振り遅れになります。ほかとの動きの連動を考慮せず、腰だけを動かしすぎるから、ヘッドがタイミングよく戻ってはこれなくなるわけです。

また、ダウンスイングでハンドファーストを意識して手を前に出しすぎたりということも、振り遅れる原因です。手だけインパクトにきたのに、ヘッドはまだ戻ってきていない状態になるわけです。

バックスイングでは足を使い、腰を回し、カラダをひねって、肩を回し、腕を回したり上げたりヒジも使い、手首も使って、ヘッドを回していきます。それぞれのパーツには、それぞれの「インパクトまでの距離」をもっていることになります。

その状態から、ダウンスイングしはじめ、タイミングを合わせてインパクトになるのが理想です。

もうひとつ、よくある振り遅れの理由として、クラブが重すぎるなど、スイングや筋力に合っていないことも挙げられます。それも確認するといいと思います。

振り遅れの原因は、ヘッドの戻りが間に合わないほどバックスイングで大きく動かしすぎるパターン、切り返しでカラダだけ早く回して腕とクラブがついて来ないパターン、そして手の動きや力加減が悪く適切にリリースできないパターンなどが代表的

トップからインパクトまでの距離は、カラダのパーツごとに違っている。足裏から遠いパーツほど、インパクトから遠くまで離れていっている。インパクトのタイミングを合わせるにはそれぞれがそれぞれのスピードでインパクトの位置へ回ってくることになる

振り遅れないためにやってほしいのは、三角形をキープし、手が胸の前から外れないようにすること。そして適切なタイミングでヘッドが手の動きについてくるようなグリッププレッシャーを守ること

40 なぜチキンウイングになるのか

Question フォローで左ヒジが抜けた形になるチキンウイングになってしまうのはなぜですか？

Answer!

ヒジが抜けてしまう理由としては、左ヒジで引っ張ること、上半身の回転が止まること。インパクトゾーンで真っすぐクラブを動かそうとすることなどが挙げられます。

インパクトのあと、左ヒジが引けることをチキンウイングと言い、アマチュアゴルファーの典型的な悪い動きのひとつとなっています。

主な原因のひとつは、上半身の回転が止まることにあります。土台であるカラダの動きが止まっているのに、腕でクラブをさらに動かし続けようとすると、左ヒジで引っ張るしかなくなるわけです。それで左ヒジが引けた形になります。

また、インパクトゾーンでヘッドを長くまっすぐ動かそうとすることや、ハンドファーストの意識が強いことも原因となります。そうした意識をもつと、左腕でクラブを引っ張ろうとして、ヒジが引けます。

これを修正するために「三角形キープ」を思い出してください。三角形をキープしたまま、クラブを振り抜こうとすると、フォロースルー側にカラダを大きく回していかざるをえません。フォローでも三角形の関係を崩さないようにするためには、両腕の三角形の底辺に当たる部分もよく回さなければなりません。三角形の底辺とはつまり、腕の付け根あたりです。腕の付け根から腕をしっかり振っていることにもなるのですが、そうすると、ヒジが引けることがなくなります。腕はヒジから先だけではなく、肩に繋がり体幹とも繋がっているものだと考えてみてください。

左腕でクラブを強く引っ張ろうとすると、カラダの回転が止まる。さらにクラブを引っ張ろうとするとヒジが引ける

腕の付け根から腕を振るイメージで、体幹の回転を深くしていくとヒジは引けなくなる

チキンウイングを直すために、クラブをターンさせるという教え方もある。たしかにフェースをターンさせればヒジは引けなくなるが、この修正では打球が安定するとは限らない

41 バックスイングで右ヒジが引けるのはなぜ

Question チキンウイングとは逆に、バックスイングで右ヒジが引ける人もいます。なぜ?

Answer!

ほとんどの原因は、右ヒジがカラダの外（右）を向いていて、ヒジで引っ張る形になるため、右ヒジが引けた形になります。右ヒジを下に向けて構えてください。

体幹の回転が浅いのに、手だけを高く上げようとすると、右ワキが空き、右ヒジが引けたトップになる

ダウンスイングからフォローでのチキンウイングとは逆側の現象ですが、バックスイングで右ヒジが引ける動きも多くの人に見られます。

右ヒジを引くことで回転している感じを出しているタイプがこうなります。腕とカラダをうまく同調させて動かせていない状態とも言えます。

とくに、アドレスで右ヒジがカラダの外側を向いていると、ヒジが抜けて、ワキが開いた状態になってしまいます。

これを改善するとしたら、まずヒジが下を向くようにセットして構えること。スイング中もヒジを下に向けておく意識をもつと、ヒジは引けなくなります。

ヒジが下を向くように構える。写真では真後ろに向いているが、構えたときの意識として「真下」となっていればいい

ヒジを下に向けて構えておくとスイング中も下に向いた状態を保ちやすい。ヒジで引っ張る動きにはならないため、ヒジが引けた形にはならない

42 トップでの捻転差は必要なのか

Question トップでは腰を45度、肩は90度回せと言われますが、差をつくることが大事ですか？

Answer!

正しいメカニズムでバックスイングすれば、捻転差は自然にできています。それ以上大きくしなくてＯＫ。無理ない範囲でできている捻転差で十分と考えてください。

「トップで捻転差があるほうがエネルギーが大きくなる。その目安として腰は45度、肩は90度回っていることが理想」と言われることがあると思います。

まず、人体の構造的に、脊椎全体の回旋動作可動域は90度とされているようです。その内訳として、頸椎（首）が50度、胸椎が35度、腰椎が5度とのことですから、腰と肩の部分でみれば40度。まあ、ほぼ一致していると言えるのかなと思います。

つまり、一般のゴルファーに対して、人間の最大可動域の限界ギリギリ（正確に言えば限界以上ですが）まで捻転差をつくれと言っているわけです。できる人もいれば、できない人もいるというのが実情ではないでしょうか。

一般のゴルファーも含め、私が見る限り、本当に多くの人が意外にも捻転差は十分にできています。スイングにおいて必要な「差」はできているのです。ただ、その本質の理解が足りないのではないかと思います。

数字で見ると、腰と肩の差は必ずできるものです。しかし問題は、その差が、腰と肩の回転角度の差でいいのだろうかということにあります。腰、肩というザックリとした大きい部分だけの話ではないはずなのです。

本来、ねじれてほしいのは、上半身の上部と下部です。上半身の上部と下部の間がねじれることが必要なのです。

多くの人が「下半身を止めて、上半身をねじろう（そうすれば捻転差が大きくなる）」という教えを受けてきたと思います。でも、それでは本来必要なねじれはつくれませんから、適正なダウンスイングの動き出しを導けません。捻転差が大きいとしても、そのエネルギー源をうまくダウンスイングで使うことができず、飛距離アップには結びつかない可能性が高いと言えます。

正しいメカニズムでバックスイングしていけば、腰も回るが、腰よりも肩がより深く回ってトップをつくる。無理に差を大きくしようとしたり動かし方が適正でないと、回転しすぎたり、上体が必要以上に反ったり、スエーしたりしてしまう

腰と肩に捻転差が十分にあれば、切り返しの動きを下半身で始めることで、腰と肩の捻転差が一瞬さらに大きくなり、その直後に、カラダの反応として上半身が自然に動き出す。ダウンスイングの動きとして理想的だ

43 「トップの間《ま》」ってなに？

Question トップで動きが止まって見える人がいますが、そのほうがいいスイングなの？

Answer!

バックスイングからダウンスイングへの切り返しの一瞬、動きの方向が変わるため「速度０」となる瞬間があります。人によってその時間の長さは違ってくる可能性があります。

ゴルフでいう「間（ま）」とは、トップから切り返しのあたりで、動きが止まったように見える瞬間のことを指しています。

はっきりと「止まっている」ように見える人もいれば、止まったとは見えない人もいます。止まった瞬間が比較的長く感じられる人もいれば、ごく短いけれど確かに止まったように感じる人もいます。

バックスイングとダウンスイングの間で、カラダもクラブも動く方向を変えます。

しかしダウンスイングの始まりで、すべてが同時に動きを反転させるわけではありません。腕やクラブがまだバックスイング方向に動きつづけているタイミングで、下半身はターゲット方向に力を出すための動き＝ダウンスイングを始めています。ダウンスイングのスタートについては、パーツごとに時間差があるわけです。

バックスイングですべてがしっかりとねじれているからこそ、そして上半身と下半身の捻転差がつくれているからこそ、連動が起き、止まって見えると言えます。

もし「間」がないとすると、それは切り返しでいきなり手を使うなどしてクラブを動かす「打ち急ぎ」といわれる状態が多く、ミスの原因となっているものと考えられます。また、意識して止めて、「間」をつくることも練習ではありだと思いますが、実際にはコースで使うスイングにはならないと思います。

バックスイングの中でカラダはねじれている。切り返しは、そのねじれが戻り始めるタイミング。そこで急いで動き始めるのでなく、ひねり戻しに合わせる感覚が「間」になる

44 クラブは自然落下するの？

Question 切り返しで「クラブに自然落下させる」ということがまったく理解できません。

Answer!

上げたものは下りてきます。力を抜いてクラブを落とすのではなく、下りていこうとする動きを邪魔しないという感覚を「自然落下」と言っていると考えられます。

バックスイングとダウンスイングの間の「間」の話が出たところで、このポジションあたりでよく聞く言葉、「自然落下」について考えてみたいと思います。

「トップのポジションまで来たクラブを自然落下させる」というものです。

この地球上では、どこでも何にでも重力がはたらいているのですから、放っておけば自然に落下することは確かでしょう。

でもクラブは、下から上げてきて、上にきたところで支えているのですから、支えている力を抜かなければ、落下しないはずです。「自然に落ちる」ではなく、「力を抜く」ということをしたから落ちた、ということになります。

しかし、力を抜いてクラブが落ちてきたとしても、インパクトでは力を入れているわけですから、「抜いた力をまた入れる」ということになります。スイングがどんどんシンプルでなくなっていきませんか？「グリップは小鳥を包むように握れ」（76ページ）で説明したように、実際には切り返し直後から、かなり大きなグリップ圧力がかかっているのです。その力の出し方を、「自然落下」のイメージでつくれるかは疑問です。

上げたものは下りていきます。ねじったものはねじり戻しが起きます。それが自然です。それによってダウンスイングは始まります。なにかをしようとしなくても、始まる。それが「自然落下」の意味だと思います。正しく上げ、正しくねじるなど、正しい準備をしているからこそ、自然落下と感じられるような下ろし方ができるということと理解していただければと思います。

トップでまったく力を抜くわけではない。支えているからこそ、ヘッドをコントロールしている感覚をもちつづけることができる

上げたものは下りる。ねじったものはねじれが戻る。
その自然な動きを邪魔しないようにすることが、大切。
決して力を抜くことで落下させてはいない

45｜切り返しでシャローに入れなきゃダメ？

Question 切り返しでクラブをシャローにする動きは誰にとっても必要なのですか？

Answer!

すべての人がシャローに入れる必要はありません。スイングプレーンの範囲で振れていれば、シャロー（範囲の下限）であっても、範囲の上限であってもいいと思います。

クラブが通っていく空間については、「スイングプレーンという平面上を動かす」（34ページ）の項で説明しました。プレーンとは言うものの、単なる平面ではなくて、立体的で、幅を持った空間であり、その範囲内を振ればオンプレーンであるという説明でした。

「シャローにする」「シャローに入れる」などと表現しているシャローは「浅い」という意味で、浅い入射角でインパクトに入れるため、クラブを低い位置に下ろす動きのことを言っているわけです。切り返しの段階で行なうのですが、うまくいかず、ダフるなどのミスを招いている人が多いのではないでしょうか。

オンプレーンと認められる範囲の上限は、昔から言われている「ボールと肩を結ぶライン」です。ヘッドがそれより上を通っている人は、カット軌道になりますから、クラブを低い位置に誘導することで、オンプレーンのスイングにすることができます。そういう人は、シャローに入れる動きが必要ということになります。

オンプレーンであって、スイングプレーンの上限に近い軌道でクラブを下ろしてくる人がいると思います。この場合は、シャローに入れる必要はありません。そのまま下ろせば、オンプレーンです。

一方、スイングプレーンの下限のラインに近いラインでクラブを下ろしたい人は、トップでヘッドは高い位置にあるわけですから、シャローに入れる必要があります。

このように、すべての人がシャローに入れているわけではないということを理解していただければと思います。

また、短いクラブほどスイングプレーンはタテになり、長いクラブほどプレーンはヨコになることを考えると、長いクラブのほうがシャローに振るのが自然だということも理解しておいてください。

バックスイングで上げていったクラブは、ダウンスイングでは上げた腕が下ろされ、曲げたヒジが伸び、コックされた手首はほどけてくるため、必然的に下りてくる

ダウンスイングでことさら意識してクラブを低い位置に下ろそうとすると不自然な動きが出がち

ダウンスイングでクラブを上（前）から下ろすクセのある人など、「まずクラブを低い位置に下ろす」意識が有効な人もいる

46 なぜインパクトで右ヒジは曲がるのか

Question 普通に振ればインパクトで腕は伸びる気がしますが、曲がった状態で打つのですか？

Answer!

ボールの左側に軌道の最下点があります。右ヒジが伸びきるのは軌道の最下点を通過する瞬間と意識するといいと思います。無理に曲げた状態をつくろうとする必要はありません。

プロや上級者のインパクトの形を写真などで見て、「左ヒジは伸びていて、右ヒジは少しだけ曲がった状態になっている」と説明されることがあります。インパクトの力を最大にするため、インパクトでは左サイドが伸びた状態になり、左ヒジは伸びて大きな遠心力を引き出します。それに対し、右ヒジは曲がった状態になってインパクトでボールを押しながら伸びていく、というような説明です。

しかし、意識的にインパクト直前まで右ヒジを曲げておいて、インパクトのタイミングに合わせて右ヒジを伸ばそうとしてもうまくいかないと思います。バックスイングでは手首を曲げ、ヒジを曲げ、クラブを上げていきます。それに対して、ダウンスイングでは曲がったヒジを伸ばし、手首をリリースしてクラブを下ろしていくわけです。曲がったものをほどいていくのに、その動きの中で「曲がった状態をわざわざつくる」ことは矛盾しています。意識してつくるものではないわけです。

アイアンのように、地面にボールがある場合、ボールの位置の先（自分から見て左側）に軌道の最下点がくるように振ります。この最下点で両腕が伸びきるとします。となると、その手前であるボールの位置では、右ヒジはまだ曲がっているのが理屈に合うと思います。

カラダの正面でインパクトするとか、インパクトはアドレスの再現と考えると、アドレスのときと同じ程度に右ヒジは伸びていなければならなくなります。そうでなければヘッドはボールに届きません。

カラダがアドレスの状態を通り過ぎたあとでインパクトする場合、インパクトの瞬間には右肩をはじめとした右サイドがアドレスのときよりも前に出たり、ボールに近づいたりしています。そのため、右ヒジを曲げていることで、ボールとヘッドとの距離がアジャストされます。

こうした動きの結果、インパクトが点ではなくゾーンになる効果も得られます。

アドレスのときよりインパクトではカラダが左に移動しているため、軌道の最下点も左になる。ボールの位置は最下点の手前となるため、インパクトのタイミングでは右ヒジはまだ伸びきった状態にならないのが自然

47 なぜフィニッシュがとれないのか

Question 「フィニッシュをカッコよく決めたい」のに、できないのはなぜ？

Answer！

バランスよく動けていればフィニッシュがとれるものです。それができなくなっているのは、どこかにそれをできなくする邪魔な動きが入ってしまっているからです。

ボールを打つ前に、フィニッシュの形をイメージし、その形に収まるように動こう、という教え方があります。「大きく回ったフィニッシュの形で数秒間立っていられるならば、それはバランスよく動いてきた結果である」という言葉も納得感はあります。

でも、ボールを打って飛ばしたあとの話です。インパクトの少し後までがしっかりつくれていれば、そのあとはどうでもいいはずなのです。

実際、地面にあるボールを打つときには、ボールに上からヘッドを当てにいっているわけです。そのあとヘッドが上昇してくるのは、インパクト直後にソールが地面に当たって、跳ね返ってくるからです。その勢いが大きければ、大きなフィニッシュまで回っていってくれます。

その勢いが十分大きくなくて途中で動きが止まってしまう場合でも、インパクト後はいくらでも自分のイメージで回していけます。「カッコよく決めたい」のならば、その形をつくりにいくといいと思います。

バランスよく立って数秒静止できるようなフィニッシュを目指すというのも、スイングづくりの指標にはなる

動きを途中で止めてしまう原因を探そう

ただ、誰もがバランスよくフィニッシュできるわけではないのが実情です。

カラダが硬い、関節の可動域が狭いなど身体的な問題を抱えていて、カラダが回っていかない人がいます。

しかし、身体的な問題がないのに、大きく回ったフィニッシュにならなかったり、静止できなかったりする場合は、スイングのメカニズムのどこかに間違いがあることが原因です。

ダウンスイングの早い段階で、カラダが伸び上がって回転が止まってしまう状態になっていないでしょうか。体重が前に乗りすぎても、体重が右に残っていても、頭を右に残しすぎても、カラダが左に突っ込んでしまっても回転は止まります。また、ボールを打つことに意識が行きすぎていても、インパクトまででカラダの動きが止まりがちです。回転を止めてしまうような邪魔をする動きをなくしていくことで、望むようにフィニッシュを大きくすることはできると思います。フィニッシュだけでなく、インパクトもより良くなっていくでしょう。

インパクトないし、インパクト直後までの動きにスムーズさがあり、再現性が高くなれば、コースで通用するレベルのスイングになるはず

48 タテ振りとヨコ振りって違うの？

Question スイングの動きにはタテ振りとヨコ振りの2種類があるのですか？

Answer!

前傾角度の違いで、クラブを振る「斜めの角度」が変わります。角度が比較的ゆるやかだとヨコ振りと感じ、比較的急だとタテ振りと感じます。動き自体は同じですが、感覚は違います。

タテ振り、ヨコ振りという表現があります。しかし、タテに振る動き方と、ヨコに振る動き方というように、別々のスイングや異なる動きのメカニズムがあるわけではありません。

短いクラブの場合は、前傾が深くなり、スイングプレーンの傾きが急（アップライト）になる。そのため「タテ振り」の感覚になる

ライ角のあるクラブという道具を、前傾して回転することで振るのがゴルフスイングです。

そして、「ライ角があって、前傾して回転する」ため、クラブの動きが斜めになるわけですが、斜めというのが感覚的に把握しづらいため、タテかヨコかというとらえ方をしたくなります。

長いクラブは、前傾が浅くなり、ライ角が小さくなるため、クラブの動きはヨコに近くなります。こちらはフラットと言われます。

短いクラブほど、前傾が深くなり、ライ角は大きくなるため、クラブの動きはタテに近くなります。アップライトと言われます。

前傾が深く、クラブの動きがより急角度になると、捻転していくなかで側屈している感じが強くなります。そのため、体感として、違う動きをしている印象を抱く人がいるかもしれません。

長いクラブの場合は、前傾が浅くなり、スイングプレーンの傾きはゆるやか（フラット）になる。そのため「ヨコ振り」の感覚になる

49｜シャフトに仕事をさせるとは？

Question シャフトに仕事をさせるってどういう意味？
どうしならせるのか、ということですか？

Answer!

シャフトに仕事をさせるという言葉の意味は、しならせて、しなり戻させること。シャフトに効果的に負荷をかけると、いい仕事をしてくれます。

シャフトに仕事をしてもらうとは、どういう意味なのでしょうか。

シャフトにしなってもらって、インパクトの力を大きくして飛距離を伸ばす、ということかと思います。シャフトが仕事をしてくれるからボールがつかまって狙ったところへ運べるという意味もあると思います。どちらもしても、自分の意のままに動いてもらって正確性と飛距離性の両面で補助してもらう、というニュアンスが含まれていると思います。

ゴルフは道具を使うスポーツです。道具が自分の技術や体力の不足した分を補ってくれるとか助けてくれるというのなら、ルールに反しないかぎり、使えるといいと思います。

でも、皆さん、シャフトのしならせ方をカン違いしていませんか？　手元をゆるゆるに握ってクラブを振るのが「シャフトをしならせている」と思っていませんか？　その状態は、自分の腕と手首がしなっているだけです。自分がしなったら、シャフトはしなってくれません。シャフトをしならせるには、グリップをある程度ホールドして、シャフトに負荷をかけなければなりません。

シャフトはヘッドを動かし始めると、反対方向にしなり始めます。始動では、クラブを右に動かすため、シャフトは左にしなります。上に上げていくと、ヘッドが下に一度落ちるようにシャフトがしなり、そこから上に上がっていきます。

自分がしなっているのにシャフトがしなっていると感じたり、シャフトがしなっている感覚がない、という人は、だいたいグリップに必要なある程度のホールドができていないためです。

自分がある程度の力でホールドしているから、シャフトのしなりを感じるのです。しなりを感じられているのであれば、シャフトは仕事をしてくれていると考えていいでしょう。

腕をやわらかく使ってクラブを振るときに、「シャフトをしならせている」とカン違いしている人が多い

グリップをある程度ホールドしてクラブを振れば、シャフトに負荷をかけることができ、シャフトはしなる

50｜フィジカルはどこまで必要なのか

Question 自分のゴルフをより高いレベルにまで引き上げたい。フィジカル向上が近道ですよね？

Answer!

身体的な能力としては、筋力の強化よりも、身体を自分の思うように動かせるようにする取り組み。飛距離アップならスピードアップより技術と効率の向上が近道になります。

楽しくゴルフするレベルでしたら筋トレはいりません。ゴルフは生涯スポーツと呼ぶにふさわしく、筋トレなどしなくても楽しめるスポーツであることは間違いないと思います。筋力のトレーニングをしたからゴルフがうまくなるわけではありませんし、筋力がなくてもいいスコアは出せるのですから、筋トレする必要はないのでは？　と考えています。

筋トレの効果は、即効性で考えれば「とりあえず飛距離は伸びる」と言える程度かなと思います。しかし、筋力のない子供でもある程度飛距離を出している事実を考えると、筋力がなくても練習で飛距離を高めていくことは可能と考えるのが妥当ではないでしょうか。筋トレと技術の上達はまったく関係ないのですから。

筋トレをしなくても、クラブを振ることを繰り返すだけでも、筋トレの効果は得られると思います。

身体的な能力に関してなにか取り組んでみたいということでしたら、違う要素をお勧めします。自分のカラダを思うように動かせるようにするトレーニングです。

全身を思うように動かすことはそれほど簡単ではありません。自分のスイングの写真や動画を撮って確認すると、思っているようなフォームになっていないということはレベルを問わずありえることです。

ですが、これは改善していくことはできるのです。

もちろん、そうした分野の専門的な指導を受けたりするのもいいでしょう。しかし、トレーナーの方がゴルフスイングを理解していないこともよくあることで、そういう場合、動けるようになった状態とスイングをつなげるのは、自分の力になります。その作業は大変な場合が多いので、結局、「どうカラダを使うのか」を理解しているゴルフコーチに習うほうが効率はいいと思います。

筋力アップを図る取り組みに時間を費やすよりも、ゴルフの練習の中で、「自分のカラダが思い通りに動いているかどうか」に意識を向け、メカニズムに沿った動きに改善していく。すでに自分がもっている能力をより多く引き出すほうがスイング向上の近道になる

51 速く振れれば飛距離アップするの？

Question 飛距離を伸ばしたい。そのためにはヘッドスピードアップすればいいのでしょ？

Answer!

速く振ることも飛距離アップになりますが、それより近道と言えるのが、効率アップです。芯に当てる精度が高まれば、一発の飛びも平均飛距離も向上していきます。

飛距離を伸ばすことを考えたとき、多くの人はヘッドスピードを上げにいきます。ヘッドスピードが速くなり、それに伴ってボールの初速が速くなれば、飛距離は伸びる可能性があります。この考えは決して間違ってはいません。

しかし、スピードが上がったとしても、ボールが曲がるようになってしまったりしませんか？　思うように当てられなかったら、速く振れるようになったとしても元も子もないわけです。

まず、スピードアップもそうですが「エネルギーをためて、インパクトで一気に出す」と考えてはいけません。

エネルギーのことを考える前に、ゴルフスイングのメカニズムを理解しながら、基礎を少しずつ身につけていくことが大切です。

ゴルフスイングのメカニズムに鑑みて「正しい」と言える動きを身につければ、スイングの中に力はたまり、そしてそれを効率よく使うこともできるようになるのです。

なにより、スイングの正確性、ヘッドが動く軌道の精度が高まり、芯で打つ確率が高まってきます。それこそが、分厚いインパクトを実現し、飛距離を伸ばしてくれるのです。

皆さんはまだまだ自分のポテンシャルを出しきれていませんから、まだまだ伸び代はあるのです。

本書には、たくさんの「スイングの基礎」となることを書きましたので、それらを一つひとつ試してみてはいかがでしょうか。

速く振るのも、筋トレも、「スイングの基礎」を身につけてからでいいと思います。

芯で当てる技術を高めることで、平均飛距離のみならず、一発の飛距離を伸ばしていくことができる。打球のコントロール性も高まるため、ゴルフの向上にはスピードアップよりも近道になる

The Real Swing, The Real Instruction #3

詳細データは役に立つ。けれど注意も必要

今の時代、いろいろな測定器が開発されて、本当にいろいろなデータがとれるようになっています。それによってゴルフスイングのリアルな実態像がある程度鮮明に解き明かされて、私たちの仕事であるスイングの指導内容や指導方法も、だいぶ変わってきました。

今回、本書で「セオリー」と言われてきた言葉の本当の意味をひもといてきましたが、それもデータや超高速で記録できる映像によって明らかになったからこそ、根拠のある説明になっているのかもしれません。

一般ゴルファーの皆さんも、そうしたデータをとれるようになっています。データは、理想値や、目指すプロのデータと自分のデータとを比べてスイングを改造していく指標となると期待していらっしゃるかもしれません。

数字や形で細かく見えてくると、皆さんにも「違い」がはっきりわかるので、「スイング改造」として取り組んでいることが、数字の変化として現われているかどうか、逐次一瞬にしてはっきりと確認できます。

でも、指導の現場にいると、それが落とし穴になりえます。データの数値を見て、理想値に近づけていくことが実際に簡単にできるのならば、データをとった人は全員、うまくなっているはずです。でも、そうはなっていません。

データが示しているのは、さまざまな原因のうえにできあがった、その人のその時点でのスイングの数値であり、形です。

その数字を適正値にする作業が「正解」と思われてしまっている感が、現在のゴルフレッスン界隈にはあるように思います。測定した数値が、適正になるように「当てはめる」風潮です。

モーションキャプチャーを使い、ポジションごとに形や数値を当てはめるようなレッスンが増えてきました。コーチ側は楽かもしれませんが、そうした指導法が果たして、効率的に効果をあげられているのでしょうか。

それはもはや、レッスンとは言えないと私は思います。

本来、スイングの形や動きのつながり、力の伝わり方といったことの適正化こそがスイング修正の本質のはずです。

データはあくまでデータであり、それをひもといて伝えるのがコーチの役割です。実際、スイング中になにが起こっているのかは、本人の感覚と、人の目で見て見つけるしか術はありません。見えてきて助かる部分と、見えてきたことで見えない部分がもっと大切だということが明るみに出てくるのです。

見つけ出したスイングの問題点の改善方法を考え出すのも、また、人の力でしかできないことです。いくら、さまざまな測定器によって、さまざまなデータがとれるようになった時代であっても、それは変わりません。

結局は、コーチの力がすべてなのだと思います。

コーチなどに指導を受けずにデータを得ている場合もあると思いますが、そういう方にも「データは役に立つけれど、データにこだわりすぎないで！データにだまされないで！」「出てきた数字は、すべて結果論だよ」とお伝えしておきます。

コーチについて言うと、私自身散々アメリカへ渡り、いろいろな人にレッスンを受けて来ましたが、結局、欲しい情報を的確にくれて、細かくわかりやすく教えてくれるコーチはいませんでした。たしかにデータの解析などについては秀でていますが、見えない部分をちゃんと見てくれる人はいませんでした。「海外のコーチ、すげー」と多くの人は思っているかもしれませんが、そうした意味で、自分たち日本のコーチと変わりません。そろそろアメリカすごい説はやめてもいいのではと思います。

コーチにつかずに独学でスイングづくりに取り組んでいる方には、もう一点、お伝えしておきます。データについて書いてきたことは「連続写真や動画についても、然り」ということです。

「このように見えた」「この形になっている」と写真や動画を見て、その形を自分でもつくろうとする人が多くいると思います。でも、写真や動画で記録された形をつくろうとして、その形になっているとは限らないのです。

意識と実際の動きは違う、ということは、ご自分のスイング写真や動画を撮影して、自らの目でそれを見たときに、自分自身で実感されたことがあるのではないでしょうか。「こんなはずではない」と。

「理想の形をイメージし、その形になるように動いているのに、その形になっていない」ということは、つまり、プロの動画が「その形」になっていたとしても、その形になろうという意識がとくになくそうなっている、と考えてもいいのだと思います。

実際、プロや上級者が「こういう意識で振っているよ」、あるいは「こういうことをしている意識はない」と言ったとしても、実際の動きがその言葉通りになっているとは限りません。見た目と、見た目が実際にもっている感覚とは、絶対的に違うことが多いということは断言できます。

おわりに

改めてこのシリーズの本を書いてみて、「言葉で表現するって難しいな」と感じています。本書でも本当はもっと細かく書きたかったのですが、書き方が難しすぎて、すべてを紙面で伝えることは困難であると悟りました。

対面で行なうレッスンでは手取り足取りも含まれるので、言葉だけで伝える本とは少し異なります。本というのは言葉一つひとつの言い方によって理解のされ方が変わってしまうものです。

本当にみなさんが知りたいことは、表面的な部分ではなく、「ここをこうやって、こういう順番で、こういう使い方で動かしてください」的な細かい入力方法のはずです。

私は、このシリーズ『ザ・リアル・スイング』の中で「なんでも正解」と散々書いてきました。しかしそんなはずはありません。

目指すところが人それぞれ違いますし、カラダの感じも人によって違ったりしますから、できることとできないこともありますし、やってきた環境も関係してきます。個々に満足するレベルが違い、そういった意味での人それぞれの正解があることに間違いはなく、それによって必要な情報は変わります。

ですので、たとえ必要な情報が個々に違っていても、「こうすると、こうなる」「なにが正しくて、なにが間違いなのか」それを判断するには基準を知ってもらうことが必要になります。自分で考えて、それが合っていればいい方向に向かいますし、間違っていれば退化ないし停滞をつづけます。いい方向へ向かいつづけるためには判断基準を知り、よく理解しておくことが大事なのです。

この３年弱は自分のレッスンの仕方や内容について、ゼロから考え直しました。

１年前に本書を「書く」と、出版社の方に自分から申し出てからも、また試行錯誤の日々で、その説明内容自体もアップデートを繰り返し、そんな過程の中ですが、なんとか一冊の本としてまとめることができました。今までの偉人たちがつくってきた土台を少し深掘りすることで、ゴルフスイングというものへの理解がより深まる内容になっていることは間違いないと思ってます。

私自身コーチという仕事していて、アマチュアを含めプロまでレッスンしているなかで一番思うのは『時間』です。
お互いの時間は、有限であるということです。
ゴルフのコーチという存在は、少しゴルフができればそれなりに誰でも簡単に稼げてしまう世界かなと思っています。YouTube や SNS の発信者たちも、個人の意見を言っているだけで、それによって振り回されるのはアマチュアの皆さんです。コーチであってもなんでも知っているわけではないのです。
しかし振り回され、迷路にはまってしまってゴルフに対する情熱を失ってしまう前に、アマチュアの皆さんに知識つけてもらい、「これは違う、これは正解」「これはこうだよね」などとご自分で判断できるようになれれば、コーチと対等に話ができたり、自分で考えて修正や改善できるようになり、限られたゴルフに使う時間を無駄に使うこともなくなります。

それは、ゴルフ界のより良い未来にもつながるのではないかな、と思っています。

下にあるのは私、奥嶋誠昭の公式ラインの QR コードです。ぜひ、友だち登録をしてください。本で伝えきれない部分もたくさんあります。自分にとっての正解をより効率良く見つけ、身につけたいと賛同いただけましたら、スタジオレッスンやラウンドレッスン、ワークショップを受けに来ていただけたら幸いです。

ザ・リアル・スイング・ゴルフスタジオ　**奥嶋誠昭**

⬅奥嶋誠昭
公式 LINE は
こちらから

ザ・リアル・スイング・ゴルフスタジオ
THE REAL SWING GOLF STUDIO

公式ホームページ　https://www.realswing.jp/
住所　〒224-0032　神奈川県横浜市都筑区茅ケ崎中央 17-21
グラディスセンター南グレイス 1F
問い合わせ　☎ 045-532-6004

著者

奥嶋誠昭（おくしま・ともあき）

ツアーコーチ。アメリカの最先端スイング解析システム「GEARS」を日本で最初に導入。ゴルフスイングを科学的かつ客観的に分析するノウハウを『ザ・リアル・スイング』（小社刊）に著し、ゴルフ界にデビュー。その後、アマチュアからプロまで幅広く指導し、ツアープロの稲見萌寧（2021年度賞金女王、東京五輪銀メダル）、木下稜介、高橋彩華らのコーチとしても活躍。現在は主宰する「ザ・リアル・スイング・ゴルフスタジオ」（横浜市）を拠点に活動する。YouTubeチャンネル「ザ・リアル・スイング」は登録者数3.1万人（2025年1月現在）。1980年生まれ。

Waggle GOLF BOOK

ワッグルゴルフブック

ザ・リアル・スイング
完成版《かんせいばん》

STAFF

編集協力　長沢 潤

装丁・本文デザイン　西村 巧

写真　高橋淳司

DTP　加藤一来

協力　THE REAL SWING GOLF STUDIO

2025年3月25日　初版第1刷発行

著　者　奥嶋誠昭

発行者　岩野裕一

発行所　株式会社実業之日本社

〒107-0062　東京都港区南青山6-6-22　emergence 2

電話　編集　03-6809-0473

　　　販売　03-6809-0495

ホームページ　https://www.j-n.co.jp/

印刷所　三共グラフィック株式会社

製本所　株式会社ブックアート

ISBN978-4-408-65134-7（第二書籍）